Veröffentlichung: 17.01.2023

AF168290

Die Corona-Impfpflicht ist das falsche Instrument

320 Schicksale im Angesicht des Berufsverbotes

Ärztinnen und Ärzte für
individuelle Impfentscheidung e. V.

ÄRZTINNEN UND ÄRZTE FÜR INDIVIDUELLE IMPFENTSCHEIDUNG

Unser Wissen
für Ihre Entscheidung.

Herausgegeben von: Tristan Nolting
Ärztinnen und Ärzte für individuelle Impfentscheidung e.V.
Gneisenaustraße 42
10961 Berlin

Amtsgericht Berlin-Charlottenburg, VR 38390 B
Finanzamt Berlin
Steuernummer 27/659/5459
Spenden: IBAN DE05 4306 0967 6055 6211 00

Auflage 1, Version 2 (Fehlerkorrekturen)
Verlag & Druck: tredition GmbH, An der Strusbek 10,
22926 Ahrensburg, Germany.

ISBN: 978-3-347-80340-4 (Taschenbuch)
ISBN: 978-3-347-80342-8 (eBook)

Impressum:
https://individuelle-impfentscheidung.de/impressum.html

„Das hätte ich in Deutschland nicht für möglich gehalten"

„Gemobbt, ausgegrenzt, entsorgt und fallen gelassen"

„Mein Körper, meine Entscheidung!"

„Wir werden alles verlieren"

„Unfassbar, was die Politik mit uns macht"

„Leider kann ich das Lächeln nicht
wieder in ihrem Gesicht sehen"

„Gute Nacht, Deutschland"

„Man nimmt mir die Existenz"

„Missachtet in meiner Menschenwürde"

„Es steht schlecht um uns alle in diesem Land"

„Ich weiß nicht, wie's weitergehen soll"

„Wenn wir es nicht schaffen umzukehren, möchte
ich in dieser Gesellschaft nicht mehr leben"

„Und nun bin ich gefährlich?"

„In meinem Kopf bin ich schon ausgewandert"

„Dann schmeißt mich auf den Müll"

Danksagung

Der Verein Ärztinnen und Ärzte für individuelle Impfentscheidung möchte sich herzlich bei allen Menschen bedanken, die sich mit ihrer Geschichte und Betroffenheit an uns gewandt haben und uns ermöglicht haben, dies öffentlich zu machen. Das Buch ist diesen mehr als mutigen Menschen gewidmet.

Überblick über die Ereignisse

10. Dez. 2021
Die einrichtungsbezogene Corona-Impfpflicht wird vom Deutschen Bundestag verabschiedet

25. Jan. 2022
Start der Aktion „Die Corona-Impfpflicht ist das falsche Instrument." gegen jede Art von Impfpflicht

15. Feb. 2022
ÄFI postet seitdem jeden Tag eine der zugeschickten Geschichten auf Twitter und der Webseite

7. April 2022
Alle Anträge zur allgemeinen Impfpflicht scheitern im Bundestag

21. Nov. 2022
Nach massivem Protest aus Politik und Verbänden verkündet Karl Lauterbach das Auslaufen des Gesetzes

17. Jan. 2023
Das Buch „Die Corona-Impfpflicht ist das falsche Instrument." erscheint.

13. Dez. 2021
Aufruf von ÄFI an Betroffene: Schicken Sie uns Ihre Geschichte zur Corona-Impfpflicht!

8. Feb. 2022
Verfassungsbeschwerde & Eilantrag gegen die Corona-Impfpflicht beim Bundesverfassungsgericht eingereicht

15. März 2022
Die einrichtungsbezogene Corona-Impfpflicht tritt in Kraft

19. Mai 2022
Das Bundesverfassungsgericht erklärt die einr. Corona-Impfpflicht für verfassungsgemäß

31. Dez. 2022
Die einr. Corona-Impfpflicht läuft aus, ÄFI hat nun über 320 Geschichten von Betroffenen veröffentlicht

Inhaltsverzeichnis

Vorwort

Wenn der Bundespräsident Frank Walter Steinmeier auf einer eigentlich versöhnlich gemeinten Veranstaltung die längst überholte Fehleinschätzung des Fremdschutzes durch eine Corona-Impfung gegenüber einer berufserfahrenen Pflegerin wieder einmal bekräftigt, anstatt - wie es der Würde seines Amtes entspräche - die Hand zu gegenseitigem Verständnis auszustrecken, zeigt sich überdeutlich: Selbst noch im Dezember 2022, immerhin zwei Jahre nach Beginn der Impfkampagne, ist die Aufklärung über den vorliegenden wissenschaftlichen Kenntnisstand zur Corona-Impfung wichtiger denn je.

Und es zeigt sich, wie unverzichtbar dieses Buch als Zeitzeugnis in diese Welt gehört.

Schon frühzeitig hat sich der unabhängige und überparteiliche Verein Ärztinnen und Ärzte für individuelle Impfentscheidung (ÄFI) gegen die Einführung einer Corona-Impfpflicht stark gemacht. Wir betrachten Schutzimpfungen grundsätzlich als einen Bestandteil ärztlicher Fürsorge. Seit 2006 engagieren wir uns für den Erhalt einer freien, individuellen und verantwortungsvollen Impfentscheidung nach einer differenzierten, umfassenden und ergebnisoffenen Beratung. In jedem Einzelfall ist abzuwägen zwischen den Risiken der jeweiligen Erkrankung und dem mit der Impfung verbundenen Eingriff in die körperliche Unversehrtheit. Eine Impfpflicht, ob für alle oder für bestimmte Personengruppen, lehnen wir daher vehement ab.

Die Schicksale, die wir in diesem Buch vorstellen, enstammen unserem Appell vom 13. Dezember 2021 gegen die einrichtungsbezogene Impfpflicht. Wir haben zum einen dazu aufgerufen, mit einer Unterschrift ein Zeichen gegen die einrichtungsbezogene Impfpflicht zu setzen, zum anderen wollten wir von Mitarbeitern im Gesundheitswesen wissen, was dieses Gesetz nun für sie ganz konkret in ihrer jeweiligen Lebenssituation bedeutet.

Schon damals gab es keine Rechtfertigung für die einrichtungsbezogene Impfpflicht, aber jede

Menge Gründe dagegen. Das haben auch unsere Unterstützer so gesehen: Unglaubliche über 37.000 Menschen haben den Aufruf auf unserer Webseite unterschrieben, über 1000 Menschen haben sich bei uns mit ihrer Geschichte gemeldet.

In unserer im Januar 2022 gestarteten Kampagne „Die Corona-Impfpflicht ist das falsche Instrument." haben wir dann ergänzend zu unserem Aufruf versucht, die Widersinnigkeit der am 10. Dezember 2021 beschlossenen Teil-Impfpflicht aufzuzeigen und das politisch wie medial verfolgte Ziel einer „allgemeinen Corona-Impfpflicht" zu verhindern. Heiter blicken wir heute auf unsere analoge wie digitale Kampagnenarbeit zurück, von der wir sagen können, dass sie nicht unerheblich im politischen Entscheidungsprozess gewesen sein dürfte. Die Motive von Musikern, die ein falsches Instrument halten – ob Säge oder Hammer – sind gerade aufgrund der irrwitzigen Darstellung so zutreffend. Und haben vielzählig Menschen nachdenklich stimmen lassen, ob eine wissenschaftlich nicht haltbare Impfpflicht der richtige Weg sein kann. Doch mit diesem Buch wollen wir nicht die Vergangenheit resümieren, sondern in die Zukunft blicken:

Gemessen an der überwältigenden Menge an Zuschriften, die wir seit Dezember 2021 erhalten haben, könnten wir sogar sagen, dass es über 1000 gute Gründe gegen dieses Gesetz gab. Davon hat es seit dem 15. Februar 2022 – ein Monat vor Inkrafttreten des Gesetzes – jeden Tag ein Grund bzw. eine Geschichte auf unsere Webseite und unter dem Hashtag #impfenohnepflicht auf unser Twitter-Profil geschafft. Auch hier gab es eine enorme Resonanz an Kommentaren und Interaktionen durch – wie die Leser dieses Buches sehen werden – Hilfe, Mitgefühl, Bestärkung und Ratschläge für diese selbstbestimmten Menschen. Insgesamt 320 persönliche Geschichten und Schicksale haben wir seither online veröffentlicht und stellen sie hiermit auch unter dem Slogan unserer 2022 sehr erfolgreichen Kampagne in Buchform bereit. Die Reihenfolge der Geschichten ist dabei wie auf unserem Twitter-Feed von der zuletzt veröffentlichten Geschichte im Dezember 2022 zur zuerst veröffentlichten Geschichte im Februar 2022 sortiert.

Die Menschen, die uns geschrieben haben, haben sich trotz widrigster Umstände und enormem gesellschaftlichem Druck nicht in ihren

Werten und Vorstellungen – auch unter Erduldung von solch existenzbedrohenden Lebensveränderungen – erschüttern lassen. Für diese von der Politik im Einklang mit den Medien eigens erstellte Randgruppe der Ungeimpften, schnell als vermeintliche Treiber der Pandemie ausgemacht und bereits in vielen Bereichen des öffentlichen Lebens im Herbst 2021 ausgegrenzt, wurde die einrichtungsbezogene Impfpflicht von der frisch konstituierten Ampel-Koalition mit heißer Nadel gestrickt und binnen einer Woche durch alle Instanzen gepeitscht. In erster Linie, um Handlungsfähigkeit zu demonstrieren und um klarzustellen, dass es, wie von Bundeskanzler Olaf Scholz angekündigt, wirklich keine roten Linien bei der Umsetzung von politischen Agenden mehr geben werde.

Die am 10. Dezember 2021 beschlossene einrichtungsbezogene Impfpflicht sollte die allgemeine Impfpflicht vorbereiten, die – wie wir alle wissen – am 7. April 2022 im Bundestag keine Mehrheit fand. Die nun eigentlich fällige Korrektur durch die Judikative erfolgte jedoch nicht: Ebenfalls im April bestätigte das Bundesverfassungsgericht unter Verweis auf veraltete wissenschaftliche Erkenntnisse, auf die sich auch die Politik im Herbst 2021 bezogen hatte, die mit diesem Gesetz einhergehenden grundrechtlichen Einschränkungen als verfassungsgemäß. Damit wurde die Umsetzung bittere Lebenswirklichkeit mit weitreichenden Konsequenzen für die Betroffenen, die uns ihre Schicksale offenbart haben.

Zum Ausgang des dritten Coronajahres müsste eigentlich jeder wissen, dass man sich auf den Fremdschutz bei den vorhandenen Impfstoffen nicht verlassen kann. Das Bundesministerium für Gesundheit (BMG) unter Federführung von Karl Lauterbach brauchte erst eine neue Omikron-Variante, um das längst überfällige Auslaufen der Impfpflicht zum 31. Dezember 2022 spät im November 2022 zu verkünden, anstatt sie einfach mit der ehrlichen Begründung ihrer Funktionslosigkeit sofort auszusetzen. Noch nach der offiziellen Verkündung durch den Minister wurden beispielsweise in Baden-Württemberg Bußgeldbescheide an Pflegekräfte verschickt. Andere Bundesländer wie Bayern oder Thüringen setzten dagegen auf einen liberalen Kurs und verzichteten weitestgehend auf Bußgelder. Doch die gesellschaftliche Spaltung sitzt immer noch tief und der politisch mit falschen finanziellen Anreizen erschaffene Pflegenotstand in der Klinik- und Pflegelandschaft offenbart sich in der aktuellen Grippesaison, in der SARS-CoV-2-Viren mit einer 5%-Beteiligung eine eher untergeordnete Rolle spielen, deutlicher als je zuvor. Eine viel zu oft missachtete gesellschaftliche Gruppe leidet wieder einmal besonders unter diesen willkürlich herbeigeführten Umständen: unsere Säuglinge, Kinder und Jugendlichen.

Mögen die in diesem Buch niedergeschriebenen menschlichen Schicksale, die diese Extremsituation hervorgebracht hat, Gehör finden, Verständnis generieren und die Öffnung für einen Dialog in gegenseitigem Respekt ermöglichen. Viele der hinter den Geschichten steckenden Menschen schildern den für sie unlösbaren inneren Konflikt: den geliebten Beruf nur noch nach Impfung mit einem teleskopiert entwickelten und nur bedingt zugelassenen Impfstoff, der mit vielen auch schweren Nebenwirkungen (Sinusvenenthrombose, Myokarditis, Anaphylaxie, neuronale Störungen, um nur einige zu nennen) assoziiert wird, weiter nachgehen zu dürfen. Und das, obwohl sie gerade in den Monaten zuvor viele geimpfte Kollegen krankheitsbedingt vertreten mussten und ein übermenschliches Arbeitspensum bewältigt hatten. Auch die eigene Erfahrung mit Patienten, die mit schweren Impffolgen auf Intensivstation landeten, bekräftigte einige in der Entscheidung, sich nicht impfen zu lassen.

Die Entscheidung zur Impfung sollte stets eine verantwortliche Entscheidung des Einzelnen sein, niemals das Resultat einer „Impfvorschrift". Für eine möglichst vollständige Aufarbeitung der einrichtungsbezogenen Impfpflicht sind das Sich-ehrlich-Machen und das aktive Zuhören zwei mögliche Schlüssel zum versöhnenden Erfolg. Dieses Buch liefert einen Einblick in das große Unrecht der Diskriminierung dieser Menschen, die für eine weitaus größere Gruppe stehen, als sie hier festgehalten ist. Auf diesem steinigen und schmerzhaften Weg der Annäherung wird es wohl viel um die Bereitschaft zu Entschuldigung und Verzeihung gehen müssen. Und um die Erkenntnis, dass ein solches Gesetz, das Politiker im Namen der Wissenschaft installiert haben, nie wieder zustande kommen darf. Unserer Ansicht nach ist jede Art von Impfpflicht das falsche Instrument – nicht nur bei Corona, sondern auch bei Masern und, falls zukünftig in Erwägung gezogen, anderen Infektionserkrankungen. Unserem Bundespräsidenten stünde es gut zu Gesicht, Einsicht zu zeigen und als ein aufgeklärtes Beispiel für Frieden und Zusammenhalt voranzugehen.

Im Sinne der gesellschaftlichen Friedensstiftung wünsche ich diesem Buch die ihm gebührende Aufmerksamkeit. Bestenfalls kann es dazu beitragen, eingerissene Brücken in dieser bundesdeutschen Gemeinschaft wieder aufzubauen.

Für den Vorstand von Ärztinnen und Ärzte für individuelle Impfentscheidung e. V.

Dr. med. Alexander Konietzky
Berlin, im Dezember 2022

Eine inhaltsanalytische Annäherung

Gesundheit ist in den vergangenen Pandemie-Jahren zum zentralen Politikum unserer Zeit geworden. Während bis vor Kurzem gesundheitliche Entscheidungen nur diejenigen betrafen, die konkret vor eine Therapieentscheidung standen oder chronisch krank sind, ist nun jeder gezwungen, sich damit auseinanderzusetzen. Während die Frauengesundheitsbewegung noch darum kämpfte, anzuerkennen, dass die persönliche Entscheidung über die Einnahme der Pille oder von Hormonen auch eine gesundheitspolitische Dimension hat, wird heute jeder zwangsweise und ungefragt in politische Diskurse einbezogen. Was gestern noch eine intime, individuelle Entscheidung war und der ärztlichen Schweigepflicht unterlag, wird nun zum Politikum. Damals haben wir gelernt, dass eine individuelle gesundheitsbezogene Entscheidung von dem jeweiligen gesellschaftlichen Klima geprägt werden kann und es möglicherweise schwer ist zu unterscheiden, ob zum Beispiel Wechseljahresbeschwerden wirklich medikamentös behandelt werden sollten oder ob es der pharmazeutischen Industrie erfolgreich gelungen ist, eine Lebensphase zu pathologisieren, um für entsprechende Medika-mente einen geeigneten Absatzmarkt zu finden (Müller et al., 2012). Wissenschaftsbasierte Patienteninformationen und Entscheidungshilfen wurden entwickelt (Berger & Boehm, 2017), um auch Laien die Möglichkeit zu geben, eine eigenständige, informierte Entscheidung zu treffen. Wir führten Schulungen durch, um Laien dazu zu befähigen, gesundheitsbezogene Entscheidungen über den Sinn und Unsinn von z. B. der Teilnahme an Screening-Untersuchungen, der Einnahme von Hormonen oder dem Nutzen und fehlenden Nutzen von Impfungen zu treffen (Ebner et al., 2008; Berger et al., 2010; Berger et al., 2013). Auch wenn es ein Lernprozess war, zu begreifen, dass eine medikamentöse Intervention nicht unbedingt besser ist als keine Intervention, so war doch bislang niemand, der sich gegen eine

Intervention entschied, von einer systematischen moralischen Verurteilung und Abwertung bedroht.

Heute haben wir es mit einem vollkommen anderen Klima zu tun. Die individuelle, gesundheitliche Entscheidung wird gekoppelt an moralische Kategorien und aufgeladen mit ethischen Zuschreibungen: Wer christlich handelt, lässt sich impfen, wer solidarisch handelt, lässt sich impfen usw. ...

Dass all diese Impfkampagnen von Anfang an frei von Evidenz waren, konnten diejenigen durchschauen, die sich die Zulassungsstudien ansahen und erkannten, was diese „Impfungen" leisten konnten und was nicht. Und dennoch sind aktuell 18,4 Mio. Menschen der deutschen Bevölkerung nicht geimpft (das entspricht 22,1 % der Bevölkerung laut Angaben von Impfdashboard: https://impfdashboard.de, Zugriff am 22.12.22). Neben den kleinen Kindern gehören zu dieser Gruppe auch die zahlreichen Menschen, die sich beispielsweise auf Grundrechte der deutschen Verfassung wie Meinungsfreiheit und körperliche Unversehrtheit berufend nicht dieser unseligen Vermengung von Politik, Pharmainteressen und persönlicher Gesundheit unterworfen und die Impfung für sich abgelehnt haben.

Dass die Zulassung zur Ausübung eines Berufes an ein unzureichend getestetes und nur vorläufig zugelassenes Medikament gekoppelt werden konnte und sowohl für das Gesundheitswesen als auch für Bundeswehr und Feuerwehr eine einrichtungsbezogene Impfpflicht beschlossen werden konnte, darf als beunruhigend für die gesamte demokratische Verfasstheit bewertet werden. Deshalb ist es sehr begrüßenswert, dass die Ärztinnen und Ärzte für individuelle Impfentscheidung e. V. den von der einrichtungsbezogenen Impfpflicht Betroffenen eine Stimme verleihen. Dabei ist zu bemerken, dass die juristische Situation vertrackt ist: Im Gesundheitswesen handelt es sich eigentlich um eine Nachweispflicht und bei der Bundeswehr um eine Duldungspflicht.

Viele Menschen haben nach individuellen Lösungen des Umganges mit dieser Situation gesucht und diese auch gefunden, sei es zum Beispiel durch die Unterbrechung ihres Studiums in der Medizin. Andere haben aber auch das Land verlassen und sind nun als Hebamme in der Schweiz tätig und fehlen uns hier als Fachkraft im Gesundheitswesen. Immer mehr junge Auszubil-dende entscheiden sich dafür, in ein Land zu gehen (wie zum Beispiel die Schweiz), in dem sie ohne Maske und Impfpflicht arbeiten können.

Der vorliegende Band umfasst die Statements von insgesamt 320 Textmitteilungen, die die ÄFI im Zeitraum von Dezember 2021 bis Februar 2022 erhoben hat. Insgesamt beinhalten 237 Mitteilungen eine Berufsangabe und 82 Mitteilungen beinhalten keine Berufsangaben.

Berufsgruppe	Untergruppe	Anzahl
Gesamt		237
Medizin	Ärztinnen und Ärzte	18
	Studierende der Medizin	01
Medizinische Fach-angestellte	(inklusive medizinisch-technische Assistent*in-nen, Arzthelfer*innen, Rettungssanitäter*innen)	15
Zahnmedizin	Zahnärzte und- ärzt*in-nen	05
	ZMF, Zahnarzthelfer*in-nen	09
Pflegerinnen und Pfleger	inklusive Altenpflege, ambulante Pflege und Heiler-ziehungspflege	41
	In Ausbildung	02

Krankenpflege		24
Hebammen		19
Osteopathen		08
Physiotherapeutin- nen und - therapeu- ten		23
Psychotherapeuten und Therapeutinnen		22
Heilpraktikerinnen & Heilpraktiker		19
Ergotherapeutinnen & Ergotherapeuten		11
Heilpädagogen & Heilpädagoginnen	inklusive Logopädinnen & Logopäden	11
Soziale Tätigkeit		09

Die Aussagen kommen also aus einer sehr breiten Mitarbeiterschicht aus verschiedenen medizinischen und therapeutischen Berufen. Jeder Text steht für sich, und dennoch habe ich versucht, das Material in folgende wesentliche Kategorien zu gliedern: 1. Welche Hinweise finden wir zum beruflichen und staatsbürgerlichen Selbstverständnis der Schreibenden? 2. Wie beurteilen die Betroffenen die einrichtungsbezogene Impfpflicht? 3. Wie fühlen sich die Betroffenen? 4. Aus welchen Gründen lehnen sie die Impfpflicht ab? 5. Welche berufliche Zukunft zeichnet sich für die Betroffenen ab?

1. Welche Hinweise finden wir zum beruflichen und staatsbürgerlichen Selbstverständnis der Schreibenden?

Viele derjenigen, die hier geschrieben haben, arbeiten seit mehreren Jahrzehnten im Gesundheitswesen. Die bisherige Dankbarkeit dafür, in Deutschland leben und arbeiten zu können, ist vielen Menschen verloren gegangen. Andere bereuen zum ersten Mal in ihrem Leben, sich für einen Beruf im Gesundheitswesen entschieden zu haben. Sie fühlen sich bedroht und fürchten die weitere Entwicklung in unserem Land. Sie empfinden eine Impfpflicht als latent totalitär, andere fürchten sogar das Aufkommen faschistischer Strukturen. Sie machen sich Sorgen um die Zukunft unseres Landes. Sie erleben einen wachsenden Versorgungsbedarf im ergotherapeutischen, psychologischen bzw. psychotherapeutischen Bereich. Das durch manche Gesundheitsämter ausgesprochene Betretungsverbot für Ungeimpfte halten sie auch gegenüber ihrer Klientel und der zunehmenden gesundheitlichen Bedarfe für verantwortungslos. Sie erleben diese staatlichen Maßnahmen als planlos und gefährlich. In ihrem beruflichen Selbstverständnis gegenüber ihrer Klientel fühlen sich viele Schreibende dem Recht auf persönliche Selbstbestimmung als ethischer Prämisse ihrer Arbeit verpflichtet, und sie nehmen diese persönliche Selbstbestimmung auch für sich in Anspruch.

Verschiedene Schreibende äußern ihre Zweifel daran, inwiefern das Geschehen noch mit Gesundheit, Wissenschaft und Medizin zu tun hat. Immer wieder äußern Schreibende, dass sie nach ausführlichen Recherchen zu der Erkenntnis gekommen seien, dass die Impfstoffe nicht das einhalten können, was von ihnen erwartet wird, sodass die Absage an die Impfung auch auf der Einforderung der Wahrung der Grundrechte basiert.

2. Wie beurteilen die Betroffenen die einrichtungsbezogene Impfpflicht?

Die Schreibenden fühlen sich massiv unter Druck gesetzt von Politik und Regierung. Die gesundheitliche Relevanz der Impfung ist für sie nicht nachvollziehbar. In der Regel kennen und respektieren die Mitarbeiter*innen im Gesundheitswesen die notwendigen Hygieneregeln zum Schutz vor Übertragungen von Infektionserkrankungen. Die Impfung scheint ihnen nicht mehr Schutz zu versprechen, eher kommt die Sorge auf, dass man mehr Menschen anstecken könnte, wenn man sich durch die Impfung geschützt fühlte. Sie handeln also aus einem Gefühl der Verantwortlichkeit für ihre Klientel.

Die Teilnehmenden sind keine grundsätzlichen Impfgegner, aber sie bestehen auf ihr Patientenrecht, diese unzureichend untersuchte medikamentöse Behandlung ablehnen zu können. Insbesondere bleibt ihnen unverständlich, warum alle anderen Maßnahmen der Prävention und des Schutzes vor Ansteckungen so abgewertet werden, obwohl zahlreiche Praxen differenzierte und taugliche Hygienekonzepte entwickelt haben. Zu Beginn der Pandemiezeit mussten viele Mitarbeiter*innen im Gesundheitswesen die Patient*innen mit schlechter Schutzausrüstung betreuen. Sie haben gelernt, welche Hygienemaßnahmen sie schützen. Jetzt auf einmal werden sie als Gefahrenträger definiert, wenn sie sich nicht impfen lassen.

3. Wie fühlen sich die Betroffenen?

Meistens sind die Betroffenen sehr begeistert von ihrem Beruf, in dem sie sehr gerne arbeiten, egal ob als Zahnärztin, Küchenhilfe oder Nachtwache in der Pflege. Die Betroffenen sind vollkommen verunsichert, wütend, verzweifelt oder auch sehr traurig. Für etliche kann die Ablehnung der Impfung zum Verlust des Arbeitsplatzes und somit zu einer existentiellen Bedrohung werden. Sie suchen mit ihren Chefs oder anfänglich auch mit den Behörden zusammen nach geeigneten Lösungen und verharren bald in Ratlosigkeit oder Verzweiflung, auf jeden Fall aber in einem Gefühl der Ohnmacht. Sie fragen sich, was man machen kann - außer auf die Straße zu gehen, um zu demonstrieren. Wenn Praxen auf Grund fehlender geimpfter Mitarbeiter schließen müssen, müssen sich die Betroffenen gegen das Gefühl wehren, dafür schuldig zu sein. Andere fühlen sich erpresst, sich gegen ihren Willen impfen lassen oder aber den Arbeitsplatz aufgeben zu müssen. Auch dass es die Gesundheitsberufe sein sollen, die diese Situation ausbaden müssen, macht Mitarbeiter*innen verzagt. Es gibt Betroffene, die mit gesundheitlichen Störungen auf diesen Stress und die wahrgenommene Bedrohung ihrer Arbeitsplätze reagieren (Schlaflosigkeit, Übelkeit).

4. Von den Betroffenen geäußerte Gründe für die Ablehnung der Impfung

Viele äußern sich dazu nicht. Selbstverständlich wird davon ausgegangen, dass es ein Grundrecht ist, sich nicht impfen zu lassen. Einige haben Angst vor möglichen Nebenwirkungen, vor allem bei Vorliegen einer Vorerkrankung (Tumorerkrankungen, Multiple Sklerosis, ...). Grundsätzliche Impfgegner scheinen die meisten nicht zu sein, die Ablehnung richtet sich konkret gegen dieses nicht ausreichend geprüfte Medikament. Die Schreibenden sind in der Regel Gegner eines Impfzwanges mit einer „Impfung", deren Wirkungen sie nicht wahrnehmen können. Insbesondere Zahnärzte arbeiten täglich im Aerosol der Patienten und haben standardmäßig eine gute hygienische Versorgung. Ende 2021 haben sie bereits bis zu zwei Jahre lang Patienten behandelt, sie potenziell Corona haben könnten, ohne sich zu infizieren. Sie sehen keine Notwendigkeit, sich durch eine Impfung schützen zu müssen. Andere argumentieren, dass zur Herstellung hygienischer Bedingungen auch die bisherige Praxis mit der Durchführung von Tests ausreichend sein könnte und eine Impfung aus diesem Grund nicht notwendig erscheine. Einige haben bereits wiederholt unerklärliche gesundheitliche Schäden bei geimpften Patienten beobachten müssen, die sie betreuen. Von ihnen werden diese gesundheitlichen Schäden als Impfnebenwirkungen wahrgenommen. Insbesondere, wenn bereits Impfnebenwirkungen aus anderen Impfungen vorliegen, lehnen Betroffene die Impfung ab.

5. Welche beruflichen Perspektiven ergeben sich für die Betroffenen?

Allgemein herrscht im Dezember 2021 Unsicherheit und vollkommene Verzweiflung im Umgang mit der zum März 2022 eintretenden einrichtungsbezogenen Impfpflicht. Eine angemessene berufliche Lösung scheint nicht sichtbar zu sein. Die Einführung der einrichtungsbezogenen Impfpflicht bedeutet für viele der Betroffenen ein Berufsverbot. Sie fühlen sich in ihrer Existenz bedroht, entweder, weil sie ihren Arbeitsplatz verlieren oder sogar ihre Praxis schließen müssen.

Außerdem sorgen sie sich um ihre Klientel, für welches sie sich mitverantwortlich fühlen. Andere Praxen reagieren mit Unverständnis über die fehlenden rechtlichen Grundlagen der Verordnungen. Ein anderer Teil der Betroffenen verlässt das Land. Manche Schreiberinnen verfügen über teure Spezialausbildung zur Versorgung spezieller Klientel (z. B. Atemtherapie für Menschen mit Mukoviszidose, ...). Sie stehen vor der Entscheidung, ihre spezifische Klientel im Stich zu lassen, die auf diese Therapien angewiesen ist, oder gegen ihre Überzeugung in Bezug auf ihre eigene Gesundheit zu handeln. Etliche fühlen sich in einem absoluten Dilemma, ob sie sich die Impfung aufzwingen lassen oder den Arbeitsplatz aufgeben sollen.

Beeindruckend an den folgenden Statements aus meiner Sicht ist, dass es keine Frage der offiziellen Bildungsabschlüsse ist, ob jemand ausreichend Gesundheitskompetenz hat, um diese „Impfung" in Zweifel zu ziehen. Hoffentlich haben viele der hier Betroffenen Möglichkeiten gefunden, die bedrohlichen Zeiten zu überbrücken, sodass sie nun ab dem 1. Januar 2023, wenn die einrichtungsbezogene Impfpflicht

ausgelaufen ist, wieder uneingeschränkt weiterarbeiten können. Wir müssen aber auch erfahren und erinnern, wie wir als Gesellschaft mit
diesen kostbaren Mitarbeitern im Gesundheitswesen umgegangen sind.

Dr. phil. Bettina Berger
Wissenschaftliche Mitarbeiterin

Lehrstuhl für Medizintheorie, Integrative und
Anthroposophische Medizin an der Universität
Witten-Herdecke

Literaturverzeichnis

Berger, B. & Boehm, B. (2017). This Isn't just a Phantom, Menopause, But You Can Vent Your Feelings - Qualitative Evaluation of Evidence Based Health Information (EBHI) Material. *Journal of Woman's Reproductive Health*, *2*(1), 10–22. https://doi.org/10.14302/issn.2381-862x.jwrh-17-1822

Berger, B., Gerlach, A., Groth, S., Sladek, U., Ebner, K., Mühlhauser, I. & Steckelberg, A. (2013). Competence training in evidence-based medicine for patients, patient counsellors, consumer representatives and health care professionals in Austria: a feasibility study. *Zeitschrift für Evidenz, Fortbildung und Qualität im Gesundheitswesen*, *107*(1), 44–52. https://doi.org/10.1016/j.zefq.2012.11.013

Berger, B., Steckelberg, A., Meyer, G., Kasper, J. & Mühlhauser, I. (2010). Training of patient and consumer representatives in the basic competencies of evidence-based medicine: a feasibility study. *BMC Medical Education*, *10*(1). https://doi.org/10.1186/1472-6920-10-16

Ebner, K., Berger, B., Groth, S. & Steckelberg, A. (2008). Building Patients' Health Literacy in Austria, Health Literacy and Competence Training "Strong and Healthy": Poster. *2nd Therapeutic Patient Education (TPE)*.

Elisabeth Müller, V., Schmacke, N., Kolip, P. & Berger, B. (2012). Erwünscht, ungewohnt und kommunikationsbedürftig – Die evidenzbasierte Entscheidungshilfe des Instituts für Qualität und Wirtschaftlichkeit im Gesundheitswesen (IQWiG). *Zeitschrift für Evidenz, Fortbildung und Qualität im Gesundheitswesen*, *106*(4), 290–294. https://doi.org/10.1016/j.zefq.2012.03.001

Disclaimer

Ärztinnen und Ärzte für individuelle Impfentscheidung e. V. (ÄFI) ist berechtigt zur Veröffentlichung dieser Zuschriften zur einrichtungsgezogenen Impfpflicht. Die Beiträge geben nicht unbedingt die Position des Vereins wieder. Der Verein hat sich das Recht vorbehalten, Kürzungen, Korrekturen und andere redaktionelle Aufbereitungen vorzunehmen, auch zur verbesserten Lesbarkeit. Es wurden Beiträge verwendet, bei denen eine Zustimmung des Verfassers zur Veröffentlichung und eine inhaltliche Relevanz zur Aktion bestehen. Diskriminierende, verletzende, Gewalt verherrlichende oder diffamierende Positionen werden von ÄFI grundsätzlich abgelehnt und daher nicht verwendet. Dieses Werk ist urheberrechtlich geschützt. Eine Vervielfältigung oder Verwendung in anderen elektronischen oder gedruckten Publikationen ist ohne ausdrückliche Zustimmung des Herausgebers nicht gestattet.

Nr. 320-201

Nr. 320 – 31. Dezember 2022

Ich arbeite in einem Altenheim und bin völlig verzweifelt über die anstehende Impfpflicht. Ich werde mich nicht mit einem der neuartigen Impfstoffe impfen lassen aufgrund der bekannten Nebenwirkungen usw. Ich fühlte mich noch niemals von unserem Staat so derartig bedroht und es ist unsagbar, dass so etwas in unserer Demokratie umgesetzt werden soll. Ich war bisher immer dankbar dafür, in diesem Staat geboren zu sein. Dies verunsichert mich sehr und das Vertrauen ist inzwischen stark beeinträchtigt. Hier geht es meiner Meinung nach nicht mehr um unsere Gesundheit. Ich weiß nicht, wie es beruflich weitergehen soll, auf meine Gesundheit schlägt es sich inzwischen nieder, ebenso bei noch wenig übrig gebliebenen Kollegen, die sich nicht zwingen lassen werden aus gegebenen Gründen.
– Ursula H.

Nr. 319 – 30. Dezember 2022

Ich bin seit 43 Jahren in der Zahnmedizin tätig. Mein Chef ist verzweifelt und versteht die Welt nicht mehr! Ich bin bei uns in der Praxis als einzige Vollzeitkraft eingestellt, nun ist ab 15. März ein normaler Praxisablauf ist NICHT mehr gewährleistet!! Mein Chef und ich haben mittlerweile alles versucht (er unterstützt mich, obwohl er schon geboostert ist): Wir haben bei der KZVB angerufen, die haben uns an die BLZK verwiesen. Aber auch dort in der Rechtsabteilung weiß man nicht wie es weitergeht. Für mich unverständlich: wie kann man ein Gesetz beschließen und NICHT wissen, wie die rechtlich Grundlage ist? Selbst das Bundesgesundheitsministerium konnte uns keine Auskunft geben. Dort wurde uns mitgeteilt, dass man eine Anfrage schriftlich stellen muß! Ich weiß nicht, ob ich das machen soll, da ich da eh keinen Erfolg sehe! Habe mich jetzt mal arbeitsuchend gemeldet! –Andrea V.

Nr. 318 – 29. Dezember 2022

Ich bin Ergotherapeutin und ungeimpft. Gestern haben wir die vorläufigen Rahmenbedingungen vom Berufsverband erhalten. Demnach dürfte ich ab dem 16.03.2022 nicht mehr arbeiten ohne die Erfüllung einer 2G Regel, oder einer ärztlichen Bescheinigung, dass ich mich nicht gegen Corona impfen lassen kann. Da ich den aktuellen Entwicklungen kritisch entgegen sehe und mich gegen eine Impfung entschieden habe, drohe ich nun Gefahr, meinen Job und somit auch meine Existenz zu verlieren. Mein Chef war bisher sehr kooperativ und entgegenkommend. Nun sind auch ihm die Hände gebunden. Ob es wirklich soweit kommt, weiß ich nicht. Ich hoffe auf das Beste, bin aber nicht von der Impfung überzeugt. Deshalb möchte dem Impfzwang nicht aus Angst oder Druck von der Regierung nachgeben. Ich bin somit ziemlich ratlos, was ich noch tun kann. – M. Schlosser

Nr. 317 – 28. Dezember 2022

Diese Impfpflicht ist eine weitere Blüte in dem bunten Strauss politisch fragwürdiger Entscheidungen der Bundesregierung in den vergangenen Jahren (Praxisgebühr, Privatisierung von (Uni)-kliniken ec.), die aktuell - neben dem Zwang zur digitalen Vernetzung meiner Praxis -meine Arbeitszeit mit politisch vorgegebenen Kontrollaufgaben verdichtet, meine Kernkompetenz als Augenarzt dadurch einschränkt und mir die Freude am Arzt-Sein verdirbt. – Ute Oertel

Nr. 316 – 27. Dezember 2022

Ich bin Heilpädagogin und liebe meine Arbeit mit und für Menschen. Im Augenblick bin ich ziemlich unsicher, ja wütend. Durch die kommende Impfpflicht ab März 2022 werde ich wohl arbeitslos werden, wenn sich nichts ändert. Ich möchte mich aus den von Ihnen genannten Gründen nicht impfen lassen, weil es für mich keinen vernünftigen Grund gibt, aus gesundheitlichen Gründen dies zu tun. Mit dem Gesetz fühle ich mich erpresst! Entweder beuge ich mich dem oder mir droht das wirtschaftliche Aus und Arbeitslosigkeit. Aber ich denke, eine Entscheidung für eine Impfung sollte doch immer nur aus einem Grund erfolgen: gesundheitlichen Schaden abzuwenden. Und ich kenne so viele, die es nur gemacht haben, um Freiheiten wieder zu erlangen. Geschäfte, Reisen, Arbeiten, Kultur.....oder die in der Pflege und anderen sozialen Berreichen arbeiten und schlichtweg Angst um ihre Arbeit haben. Soll das ein Grund sein für eine Impfung? Ich bleibe dabei: Nein! Es gibt wirksame Maßnahmen, um sich selbst und andere zu schützen.

Darauf achte ich stets und bin damit bis jetzt gut gefahren. – Anett Z.

Nr. 315 – 26. Dezember 2022

Aufgrund meines Berufes werde ich bis zum 15.03.2022 auch gezwungen sein, mich impfen zu lassen. Ich bin Hauswirtschafterin (KÜCHE) in einem Altenpflegeheim. Der direkte Kontakt zu den Bewohnern ist in einem hohen Maß nicht gegeben und kann weitgehend vermieden werden. Ich hab mich als Ungeimpfte bisher immer sicher gefühlt. Ich habe für mich mehr bedenken, wenn ich geimpft wäre, dass ich andere anstecken könnte, ohne dies zu bemerken. – Sabine A.

Nr. 314 – 25. Dezember 2022

Ich bin selber angestellte Zahnärztin und möchte mich nicht impfen lassen, da ich vor 7 Jahren an einem Hodgkin Lymphom erkrankt war. Kein Arzt kann mir sagen, wie mein Körper auf eine Impfung reagiert und ob dadurch eine erhöhte Rezidivgefahr zu erwarten ist. Die Impfpflicht stellt mich vor ein Dilemma: lasse ich mich impfen und bekomme evtl. erneut Krebs oder lasse ich mich nicht impfen und verliere dadurch meine Arbeit? – Dr. Katharina W.

Nr. 313 – 24. Dezember 2022

Ich arbeite in einer internistischen Praxis.

Wir sind 9 MFAs, davon 3 geimpft, 6 ungeimpft. Unsere beiden Ärzte geimpft. Wir hatten letzte Woche ein Teamgespräch und unsere Chefs sagen impfen oder gehen. Bzw. sie versuchen uns zu überreden, weil die Impfung ja gut ist... und sie erklären uns, wenn wir alle gehen, muss die Praxis schließen und alle sind arbeitslos... Und es hört sich so an, als wären wir schuld. Wir haben bis Jahresende Bedenkzeit. Ein paar lassen sich wahrscheinlich impfen. Der Druck ist zu groß. Alles sehr traurig. Drei von uns gehen auf die Straße und demonstrieren. Was können wir noch tun? Gibt es eine Chance?
– Doris L.

Nr. 312 – 23. Dezember 2022

Ich heiße Katrin Erpelt bin 54 Jahre und arbeite seit 20 Jahren als Dauernachtwache in der Altenpflege. Ich gehe gern auf Arbeit und bin wirklich mit Leib und Seele bei meinen geliebten Alten , so nenne ich sie liebevoll. Fast alle Bewohner sind hochgradig dement oder geistig behindert. Alle liegen mir sehr am Herzen.

Die kommende Impfpflicht hat meine Psyche völlig aufgewühlt. Ja, Verzweiflung, völliges Unverständnis und Wut machen sich in mir breit. Ich lehne diese Impfungen strikt ab, da sie für mich nicht nachvollziehbar sind und zudem sinnlos. Seit 2 Wochen finde ich keinen richtigen Schlaf. Mir ist ständig übel. Alle Gedanken kreisen um die Impfung und meine ungewisse Zukunft. Ich bin Alleinverdiener und ich verfalle in Angst, Trauer und Verzweiflung wenn ich an den 16.3.22 denke. Ich kann zur Zeit keinen klaren Gedanken fassen. Ab und an denke ich auch das alles keinen Sinn mehr macht und ich mich am liebsten in Luft auflösen würde. Ich muss soviel weinen, ich bin so verzweifelt. – Katrin E.

Nr. 311 – 22. Dezember 2022

Als Facharzt für Allgemein- und Viszeralchirurgie bin ich aktuell auf der Suche nach einer Oberarztstelle. Aktuell haben sich mehrere Arbeitgeber an meiner Einstellung interessiert gezeigt. Da ich gegen COVID-19 nicht geimpft bin, habe ich im Vorfeld über das Covid-Vorgehen erfragt. Bei ehemaligen Arbeitgebern habe ich mich 3x wöchentlich auf der Arbeit mittels Schnelltest selbst getestet und kam mit diesem Vorgehen gut zurecht. Ich habe keine Risikofaktoren und habe ich mich über die aktuelle COVID-19 Situation sehr gut informiert und kam zu den gleichen Schlussfolgerungen, wie Sie dies in ihrer Petition formuliert haben. Da ich 2013 aus Kroatien nach Deutschland gekommen bin und ich mich nicht mit experimentellen Impfstoffen behandeln lasse, bin ich gezwungen, Deutschland zu verlassen. Ich bin kein Antivaxxer oder Extremist und bin gegen alle anderen gängigen Erregern geimpft. Das, was jetzt passiert, hat nichts mit Wissenschaft und Medizin zu tun. – Anonym

Nr. 310 – 21. Dezember 2022

Für mich bedeutet die berufsbezogene Impfpflicht ab dem 15.3.22 ein Quasiberufsverbot, da ich Heime ohne Impfnachweis nicht mehr betreten darf. Wenn eine Überprüfung des Impfstatus vom Gesundheitsamt erfolgt, kann mir meine Tätigkeit im privaten Bereich wahrscheinlich auch untersagt werden. Im Dezember 2020 hatte ich einen pos. PCR-Test mit leichten Symptomen und galt dann als Genesener. Nach ausführlichen Recherchen bin ich nicht geneigt mich mit den zur

Zeit verfügbaren Impfstoff impfen zu lassen, nicht nur aus bekannten Gründen, auch aus Prinzip basierend auf den Grundrechten.

– Anonym

Nr. 309 – 20. Dezember 2022

Für mich bedeutet die Impfpflicht den Verlust meiner Arbeit bzw. auch meiner Existenzgrundlage. Ich arbeite in einem KH als Kodierfachkraft, habe vorher 20 Jahre auf Intensivstation gearbeitet, als Krankenschwester. Ich habe diese Arbeit immer gern gemacht, aber schon vor 2010, seitdem bin ich von Station in die Verwaltung gewechselt, waren Überstunden und Pflegepersonalmangel an der Tagesordnung. Ich frage mich, wie es nach der Impfpflicht in der Pflege aussehen soll, es werden noch mehr Pflegekräfte ihren Beruf hinschmeissen und sich anders orientieren. Sicher werden sich auch noch einige impfen lassen, weil vielen ja nichts weiter übrig bleibt. Es ist traurig, daß ausgerechnet diese Gruppe der Bevölkerung nun wieder das Dilemma ausbaden soll. Ich bin im Moment ziemlich ratlos, was ich tun werde, ob doch noch impfen oder den Arbeitgeber verlassen. Jeden Tag gibt es auf Arbeit

Diskussionen, es gibt fast kein anderes Thema mehr... – Silke G.

Nr. 308 – 19. Dezember 2022

Zuallererst einmal vielen Dank, dass Sie sich für die Freiheit und die körperliche Unversehrtheit des einzelnen einsetzen. Kurz zu meiner Person, ich bin eine junge Zahnärztin und stehe nun vor einer sehr schweren Entscheidung. Ich liebe meinen Beruf und kann mir keine andere Tätigkeit vorstellen, jedoch ist es für mich nahezu ausgeschlossen, mich mit einem mRNA Impfstoff „zwangs-impfen" zu lassen. Für mich persönlich sehe ich keinen Mehrwert, eher ein Risiko. Auch ein Fremdschutz, wie zahlreiche Studien belegen, ist ja kaum gegeben. Für mich bedeutet diese Impfpflicht: EXISTENZANGST bzw. die Bedrohung dieser, staatliche Willkür, Ausschluss aus der Gesellschaft, totaler Realitätsverlust der Politik, Lobbyismus, gewollte Spaltung der Gesellschaft, sinnfreie Maßnahmen bei totaler Planlosigkeit. Warum ich für mich diese Impfung für nicht notwendig erachte: Ich bin gerade 30 geworden, kerngesund, halte die üblichen Hygiene-Maßnahmen ein und befinde mich somit (wie statistisch belegt) absolut nicht in einer

Personengruppe, die ein erhöhtes Risiko eines schweren Covid-19 Verlaufs hat. Durch meine seit nun 2 Jahren tägliche Arbeit im Aerosol am Patienten habe ich eine gute Immunabwehr/Antwort. Es gibt somit keinen Grund, mich den möglichen Risiken der Impfung und dem ständigen Boostern auszusetzen. Es existiert keine Infektionskette in einer ZA-Praxis, bei penibler Einhaltung des vorgeschrieben Hygiene-Konzeptes (FFP2, tägliche Schnelltests usw.). – F. Meier

Kommentare auf Twitter zu Nr. 308

@litevillekati – 2 Std.
Antwort an @individ_impfen
Es gibt genügend chefs die nicht drauf beharren😎 kenne zufällig einen

@unsichtb_zeigen – 10 Std.
Antwort an @individ_impfen
http://unsichtbarzeigen.de
Vielleicht möchten Sie dazukommen?

Nr. 307 – 18. Dezember 2022

Ich bin Ergotherapeutin / Kunst- und Gestaltungstherapeutin (60 Jahre) und betreibe seit 20 Jahren eine Praxis mit Schwerpunkt Einzelbehandlung für psychische-psychosomatische Erkrankungen. Die Praxis wird von mir alleine geführt, ohne MitarbeiterInnen. Seit 2021 ist das Patientenaufkommen deutlich gestiegen, es finden sich gehäuft Patientinnen und Patienten, welche unter der Pandemie/Auflagen erheblich zusätzlich psychisch belastet sind und einen erhöhten Behandlungsbedarf aufweisen. Die Behandlungsanfragen nehmen deutlich zu, meine Wartezeit beträgt ca. 4 Monate. Die Impfpflicht bedeutet für mich, daß ich zunächst meine persönliche Entscheidungsfreiheit in der Selbststimmung über meinen Körper nicht wahrnehmen darf. Selbstbestimmung ist in meinem Berufsfeld ein sehr hohes Gut und eine ethische Richtlinie. Diese benötige ich für mich selbst und ganz elementar im Arbeits- und Vertrauensverhältnis zu meinen PatientInnen. Die Verletzung der Selbstbestimmung beeinträchtigt und stört beiderseits die Qualität der therapeutischen Behandlung. Darüber hinaus werde ich ab 15. März 2022 keine Erlaubnis mehr haben, meine Praxis als umgeimpfte Therapeutin zu führen. Ich werde, wie es derzeit der Gesetzgeber vorgesehen hat, mit einem Betretungsverbot für meine Praxis „sanktioniert". Die Folgen sind nicht abzusehen, weder hinsichtlich der Patientenversorgung, wie auch in finanzieller unternehmerischer Hinsicht. In der Patientenversorgung ist der Notstand an Ergotherapie-/ Psychotherapieplätzen erheblich, sodaß viele psychisch kranke Menschen vorerst sich selbst überlassen bleiben werden. Dies halte ich für unverantwortlich und für unangemessen. – Anonym

Nr. 306 – 17. Dezember 2022

Ich bin gegen die Impfpflicht. Zudem habe ich wohl schon einen Impfschaden aufgrund einer Hepatitis-B-Auffrischung erlitten. Diagnose MS. Daher kommt eine Impfung für mich nicht mehr in Frage. Ich bin alleinerziehend, habe seit einem halben Jahr endlich eine Arbeit gefunden, die körperlich nicht mehr so anstrengend ist und nun stehe ich vor dem finanziellen Ruin. Ich habe bereits schon 2 Absagen bei vorherigen Bewerbungen bekommen, da ich meinen Grad der Behinderung direkt in der Bewerbung angegeben habe. Und nun das ... Bald wieder arbeitslos ohne jegliche Existenz ... – Susanne B.

Kommentar auf Twitter zu Nr. 306

@Singa030 – 17. Dez.
Antwort an @individ_impfen
Es tut mir so leid- es ist UNRECHT , was passiert ist. 😮🌫️

Nr. 305 – 16. Dezember 2022

Meine rote Linie wurde mit der Verschärfung des IfSG überschritten. Tägliche externe Tests vorlegen zu müssen in einer ambulanten Sozialstation, in der jeder ein dreiviertel Jahr lang sich selbst oder die Kollegen testen durfte: Schikane des Personals! Nach zweimaliger Bereitstellung meiner Arbeitskraft ohne externen Test kam dann nach zwei Abmahnungen schließlich die Kündigung ... Ein Staat, der seinen Pflegekräften seit Jahrzehnten keine Wertschätzung und Achtsamkeit zukommen ließ, darf sich bitte schön nun um mich sorgen und mich ernähren! Ich bin nun offiziell arbeitslos ... – Thomas K.

Nr. 304 – 15. Dezember 2022

Ich arbeite in der ambulanten Pflege und parallel noch als freiberuflicher Heilpraktiker und bin somit doppelt betroffen. Als Familienvater bin ich zwingend auf mein Einkommen und Praxiserlöse angewiesen, eine Bußgeldzahlung wäre für mich kaum zu verkraften. Ich fühle mich massiv unter Druck gesetzt und verzweifelt. Seit der Einführung der Fallpauschalen haben sich die Arbeitsbedingungen kontinuierlich verschlechtert für die Pflege. durch die Impfpflicht befürchte ich eine weitere drastische Verschlechterung durch noch stärkeren Personalmangel. – Björn K.

Nr. 303 – 14. Dezember 2022

Ich arbeite momentan noch in der Schwerbehindertenassistenz im Arbeitgebermodell und wie es momentan aussieht, werde ich meinen Job verlieren. Und damit werde ich auch das Gefühl haben, meinen Arbeitgeber im Stich zu lassen. So geht es vielen im Bekanntenkreis gleichermaßen. Hier staut sich viel Zorn und Verzweiflung auf, ebenso wie Existenzsorgen. Unsere Arbeitgeber wollen uns nicht gehen lassen, sind aber dann gezwungen dazu und wissen nicht, woher Ersatz zu bekommen ist - sie sind also genauso voller

Sorge. Wir wissen alle, dass mit Negativ-Test problemlos weitergearbeitet werden kann. Die Impfpflicht ist nicht zu begründen.

Nr. 302 – 13. Dezember 2022

Meine Patienten würden mich sehr missen! Ich bin unter anderem eine von wenigen Atemphysiotherapeut/innen in Deutschland. Ich behandle auch Mukoviszidose-Patienten, die Anzahl an Therapeuten hierfür ist sehr gering! In keinem Fall komme ich einer Pflicht zum Impfen nach! Dann müsste ich meinen Beruf an den Nagel hängen. Die Ausbildung hierfür hatte mich an die 20.000 € gekostet. – Astrid G.

Nr. 301 – 12. Dezember 2022

Als Zahnarzthelferin in einer implantologischen Praxis steht mir nun die Kündigung bevor, da ich mich gegen eine Covid-19 Impfung entschieden habe. Nun beginnt also die Suche nach einer alternativen Karriere, was in meinem Alter - ich bin 49 Jahre alt - sicherlich nicht einfach sein wird, aber ich denke positiv!
– M. P.

@MoAnja2 – 12. Dez.
Antwort an @individ_impfen
Du findest bestimmt was! Habe letztes Jahr eine Ausbildung zur Massagetherapeutin gemacht und hänge gerade noch eine als Fussreflexzonentherapeutin dran. Ich bin 50 und total happy damit👍

@KopkaGregor – 12. Dez.
Antwort an @individ_impfen und @Yoyohah03327683
Viel Erfolg!

Nr. 300 – 11. Dezember 2022

Ich habe zwei Hauptgründe, die Impfpflicht abzulehnen. 1. Gesundheitlich: Ich bin eine schulmedizinisch ausgebildete Heilpraktikerin (Dr. vet. med.), die sich sicher ist, dass ihr Immunsystem durch eine solche Impfung überlastet werden könnte. Vor sieben Jahren erkrankte ich an einem Lymphom, und ich möchte meinen Körper auf gar keinen Fall destabilisieren und dadurch ein

Rezidiv riskieren. Für den Fall einer Infektion fühle ich mich durch das Vorhandensein diverser naturheilkundlicher Möglichkeiten ausreichend geschützt. 2. Beruflich: Einen großen Teil meiner Behandlungen nimmt die Fußreflexzonentherapie ein, die ich nicht telefonisch oder per Video durchführen kann. Die einr. Impfpflicht käme also einem Berufsverbot gleich, das ich nicht zu akzeptieren bereit bin. Ich bin der Meinung, dass ich durch die Einhaltung der empfohlenen Hygienemaßnahmen ausreichend dazu beitrage, niemanden zu gefährden. Die ständige Bevormundung und die Tatsache, dass andere Herangehensweisen überhaupt nicht angehört, geschweige denn ernstgenommen werden, belastet mich sehr. Ich hätte nicht gedacht, dass unsere freie Meinungsäußerung und freie Entscheidungen so schnell unterdrückt werden mit einer großen Billigung durch die Mehrheit der Bevölkerung. – Dr. Eva J.

Nr. 299 – 10. Dezember 2022
Diese „Impfpflicht" bedeutet für mich letztendlich ein Berufsverbot. Dazu bin ich im Prinzip einfach nur sprachlos. Sprachlos deswegen, weil die Forderung, die dieser Pflicht innewohnt, nicht

gerechtfertigt ist. Die Impfung lässt die Ansteckung anderer definitiv zu. Das macht mich mit oder ohne „Impfung" nicht sicherer oder unsicherer für die mich umgebenden Menschen. Im beruflichen Zusammenhang also für die Menschen, die ich behandle. Eben diese Menschen sind auch nicht einverstanden mit dieser Pflicht - auch wenn sie selbst geimpft sind - sie sind der Meinung, dass sie das selbst entscheiden können, ob sie dann noch zu mir kommen. – Marie V.

Nr. 298 – 9. Dezember 2022

Was es für mich bedeutet?
Doppeltes Berufsverbot (Heilpraktikerin/ Krankenschwester)! Wie ist es möglich, mit solchen unhaltbaren Argumenten ein ganzes Land seiner Grundrechte zu berauben? Mich schmerzt die Spaltung – auch in meiner Familie. WIE KONNTE ES NUR DAZU KOMMEN?!? – D. Voß

Nr. 297 – 8. Dezember 2022

Ich möchte Ihnen berichten, dass ich als Psychologin in der Psychiatrie tätig bin. Dort mache ich meine Ausbildung zur Psychologischen Psychotherapeutin. Ergänzend mache ich in einer psychotherapeutischen Praxis meine ambulanten

Fälle. Ich muss meine Ausbildung und damit meine ganze Zukunftsplanung aufgeben, wenn ich mich nicht bis zum 15.03.22 impfen lasse.
– D. Burgwald

Nr. 296 – 7. Dezember 2022
Als Rezeptionistin einer Physio-Praxis mit langjährigen gesundheitlichen Einschränkungen soll ich mich nun impfen lassen. Meine Vorgesetzte springt bereits im Dreieck, da sie nicht auf mich verzichten will. Meine Ärztin will mir kein Attest ausstellen, da ich keine Autoimmunerkrankung habe. Das Ganze belastet mich so, dass ich nun wieder Herzprobleme bekommen habe und für die nächste Zeit ausfalle. Ich will in einem Land leben, in dem man den Beruf, den man ausüben kann und will, auch ausüben darf und nicht im Falle einer Entscheidung gegen einen ungenügend getesteten Impfstoff der Gesetzgeber darüber entscheidet. – Marion E.

Nr. 295 – 6. Dezember 2022
Ich bin 58 Jahre alt, bin nicht geimpft, habe eine Corona Infektion mit der Delta-Variante gut überstanden. Seit Oktober letzten Jahres arbeite ich einer Wohngruppe mit 7 behinderten

Menschen. Durch mein Genesenenzertifikat, gültig bis 25.6.22, habe ich noch ein bißchen Zeit und Luft. Da ich als Kind 2x auf Impfungen reagiert habe (hätte fast an die Dialyse gemusst, schleichende Kinderlähmung) habe ich Angst vor der Impfung. Das Gesundheitsamt kann mir ab Juni Betretungsverbot für die Wohngruppe aussprechen. Das heisst, ich bin freigestellt, aber weiter angestellt nur alles ohne Geld. Wie soll das gehen?? – Tamara N.

Nr. 294 – 5. Dezember 2022

Ich arbeite als Erzieherin in einem Hort. Weil ich Corona-Hygiene-Maßnahmen umsetzen sollte, die eindeutig nicht zum Wohl des Kindes sind und teilweise nicht einmal gesetzliche Grundlagen hatten, habe ich mich für die Kinder der Schule eingesetzt und um Klärung gebeten (ganztägige Maskentragepflicht auch auf dem Schulhof! Für manche Kinder von 7:30 bis 16 Uhr. Des Weiteren Abstandspflichten, kein Singen mehr, kein Spielen usw.). Dafür wollte man mir eine Abmahnung in meine Personalakte geben. Ich war aus diesen Gründen von Mai bis November überwiegend arbeitsunfähig und habe zum Jahresende gekündigt. Eine Impfpflicht kommt für mich nicht in Frage! Seit dem Frühjahr betreibe ich bei Telegram einen Kanal, in dem Pädagogen ihre persönlichen Erlebnisse, die den obigen meist sehr nah kommen, anonym schildern können, um sie vor direkten Angriffen zu schützen, aber allen Mitlesern zu zeigen, dass sie nicht alleine sind mit ihren Sorgen und Nöten. Gemeinsam mit dem Pflege- und Krankenhauspersonal haben aktuell wir ein Internetforum gegründet, in dem sich Menschen gegen die Spaltung vernetzen und Aktionen entwickeln können, unter anderem auch, um die Impfpflicht stoppen zu können. – M. Kühmichel

Kommentare auf Twitter zu Nr. 294

@DD_PeterPan85 – 6. Dez.
Antwort an @individ_impfen

@WinterFreeda1 – 5. Dez.
Antwort an @individ_impfen
Danke für die aufopferungsvolle Arbeit und danke für ihren Einsatz und danke für ihren Mut 🙏 🙏 🙏

Nr. 293 – 4. Dezember 2022

Als Heilpraktikerin mit bald 34 Jahren Berufserfahrung möchte ich sagen, dass in Einzelpraxen die Gefahr, das Virus zu verbreiten, sehr gering ist. Ich bin an jedem Praxistag getestet, organisiere meine Termine so, dass es kaum Wartezeiten und somit auch keine Kontakte zu anderen Patienten gibt. Ich trage selbstverständlich Maske, so wie natürlich auch die Patienten, lüfte nach jedem Patienten und was ganz entscheidend ist: Bei Verdacht auf COVID darf man eine Heilpraktikerpraxis ja nicht einmal betreten, da es sich ja hier um eine Krankheit handelt, die der Heilpraktiker nicht behandeln darf. Außerdem ist es äußerst unwahrscheinlich, dass die sogenannten vulnerablen Kranken in meine Praxis kommen, solche, die in Pflegeheimen oder Kliniken liegen. So muss ich also feststellen, dass von mir persönlich deutlich weniger Gefahr ausgeht als von einem Besuch in einer Arztpraxis. Dass ich nun gezwungen bin, mich impfen zu lassen, um meine Praxis weiterführen zu dürfen, ist nicht nachvollziehbar. – Rita H.

Nr. 292 – 3. Dezember 2022

Ich bin seit 40 Jahren als Zahnarzt tätig - davon 37 Jahre freiberuflich. Trotz meines Ungeimpften-Status durfte ich bisher meine Patienten versorgen. Diese Tätigkeit wird mir bei weiterem Verzicht auf die Impfung zukünftig untersagt. Ich habe derzeit keine Aussicht weiterhin meinen Beruf auszuüben, erhalte trotz hoher Qualifikation faktisch ein Berufsverbot. Ich bin zur Zeit gesund, im Gegensatz zu ganz vielen sog. vollständig Geschützten. Es gab nie fundierte evidenzbasierte medizinische Gründe für eine Pflicht. Sie ist politisch motiviert und daher auch mit medizinischen Argumenten nicht aufzuhalten. Diese Politik hat m. E. einen ersatzreligiösen Charakter. Und ganz viele "Gläubige" folgen, ohne zu hinterfragen. – Thomas B.

Kommentare auf Twitter zu Nr. 292

@Klabaut66590981 – 4. Dez.
Antwort an @individ_impfen und @DiebasisS
Ich verstehe diese Politik wirklich nicht mehr.

@Bibon80 – 3. Dez. Antwort an @individ_impfen
Hut ab fürs Durchhalten💪! Und ab 01.01.2023 ist der Spuk doch, vorbei, oder?

@Meanderine – 3. Dez.
Antwort an @individ_impfen
Es ist ein Verbrechen, dass die sektorale Impfpflicht nicht schon längst aufgehoben wurde! Es tut mir für alle Betroffenen in der Seele weh, was sie zu durchmachen müssen!

Nr. 291 – 2. Dezember 2022

Ich wurde vor 4 Wochen von einer Kollegin im Auftrag unseres Klinikchefs angerufen, dass ich noch eine letzte Gelegenheit hätte, mich impfen zu lassen, wenn der Betriebsarzt ins Haus zum

Impfen käme, ansonsten könne er mir nicht garantieren, mich auf Dauer weiter beschäftigen zu können. Ich arbeite seit 20 Jahren an der Klinik. Ich habe noch ein minderjähriges Kind, bin alleinerziehend und bin auf meine Arbeitsstelle angewiesen, um unseren Lebensunterhalt zu verdienen. Jetzt habe ich bereits die 1. Impfung, aufgrund der Nötigung durch meinen Chef hinter mir. In unserem Kliniklabor, in das ich zum Testen gehen muss, wurde ich, solange ich noch ungeimpft war, immer mit einem Stöhnen empfangen, was mir sehr unangenehm war. Zwei Tage nach der 1. Impfung mit BionTech bekam ich massive Durchfälle, Appetitlosigkeit und Magenbeschwerden über 5 Tage lang. Die 2. unfreiwillige Impfung steht mir noch bevor. – C. B.

Nr. 290 – 1. Dezember 2022
Ich bin von den aktuellen Entwicklungen entsetzt und inzwischen sehr verzweifelt. Als Logopädin bin ich vom neuen Gesetz direkt betroffen. Ihr Engagement gibt mir neuen Mut. – Sandra B.

Nr. 289 – 30. November 2022
Ich hatte heute ein Gespräch mit der Chefin – ich arbeite in Uniklinik in einer Ambulanz und werde

ab 16.3.22 unbezahlt freigestellt. Es ist bitter, alle Zeit immer Personalausfall gestemmt und jetzt wird man gegangen. Ich bin fassungslos. Die Entscheidung bleibt, aber es wird hart. Bin gerade am Boden. Was ist das für eine Welt....
– Nikola V.

Kommentare auf Twitter zu Nr. 289

@NachdenkerOB – 1. Dez.
Antwort an @individ_impfen
gibt es ein Betretungsverbot? Ansonsten können die nicht einfach unbezahlt freistellen denke ich. Arbeitskraft unbedingt schriftlich anbieten!

@Dian_Hessen – 1. Dez.
Antwort an @individ_impfen
Du wirst nicht hintergangen.
Deine Zeit kommt!
Hinterfrage nicht Dich, sondern das System - bleib wie du bist, denn DU bist klasse!
Halte aus, auch wenn du kurzfristig "kleine Brötchen" backen musst. DU wirst gebraucht!

@olaf_DD – 21 Std.

Antwort an @individ_impfen

wie schon in den Kommentaren. Es gilt das deutsche Arbeitsrecht. Solange kein amtliches Betretungsverbot vorliegt, kann Ihr AG Sie nicht einfach unbezahlt freistellen. Anwaltliche Hilfe einholen, und dann geht das Leben weiter..

Nr. 288 – 29. November 2022

Die Impfpflicht bedeutet für mich den Zwang einer Wahl zwischen meinem geliebten Beruf und meiner inneren Integrität. Da ich Letzteres wähle, bedeutet es, dass ich meine Praxis für Sterbe- und Trauerbegleitung sowie Krisenintervention nicht weiter betreiben kann. Gerade Trauernde und Familien in Abschiedssituationen brauchen eine Kontinuität und Verlässlichkeit in der Begleitung. Ich möchte gerne weiterhin für sie da sein. Ich liebe diese Arbeit. Gerade Covid-19 und unsere Antwort darauf beinhaltet diese Themen von Angst vor Veränderung, Verlust, Tod. Würde der derzeitige Impfstoff die Übertragung relevant verringern, gäbe es eine Diskussionsgrundlage.

Ohne das kann ich keinen Grund finden, warum ich mein gut funktionierendes Immunsystem nicht der natürlichen Immunisierung überlasse - auch für die Allgemeinheit. – S. L.

Nr. 287 – 28. November 2022

Für mich bedeutet die Impfpflicht, dass ich arbeitslos bin und auch keine Jobs mit meinen Qualifikationen finde, wenn ich mich nicht impfen lasse. Ich habe immer Spaß an meinem Beruf gehabt und ich fühle mich jetzt unfassbar in die Enge getrieben, da ich, um mein Leben weiter finanzieren zu können, meine Gesundheit gefährden soll. Das ist keine Option. Das ist alles unglaublich was hier passiert und ich hoffe, dass der Wahnsinn irgendwann vorbei ist und man einfach nur wieder ohne Druck und ständig wechselnde Auflagen leben kann. – Katrin S.-T.

Nr. 286 – 27. November 2022

Seit knapp 15 Jahren bin ausgebildete Hebamme, war bislang immer um die 70% angestellt in einer Klinik, habe freiberuflich Wochenbettbetreuungen und Kurse angeboten. Ich war stets engagiert und voller Liebe zu meinem Beruf. Zuletzt machte ich die Weiterbildung:

"Praxisanleitung im Hebammenwesen" um für die werdenden Kolleginnen eine qualifizierte Ansprechpartnerin zu sein. Anfang Dez. 2021 kam die mündliche Aussage unserer Hebammen Leitung, das das "Covid-Team" meines Arbeitgebers/des Krankenhauses beschlossen habe, ab dem 01.01.22 für alle Mitarbeiter nur noch "2G" zuzulassen, schriftliches werde erfolgen. Am 21. 12. erhielt ich vom Arbeitgeber eine Dienstanweisung dazu, mit Hinweisen zu noch freien Impf-Terminen. Am 22.12. erhielt ich ein Schreiben des Arbeitgebers zu den Optionen, die ich habe (Status quo = Hausverbot ohne 2 G, mit Aussicht auf Impfung oder Impfunfähigkeits-Nachweis oder ruhendes Arbeitsverhältnis, oder Überstundenabbau oder Kündigung meinerseits). Es war mir rasch klar, dass ich in einem Unternehmen, dass so mit seinen Mitarbeitern umgeht, nicht mehr meine Arbeitsleistung erbringen will. Es entspricht absolut nicht meiner persönlichen-und Hebammen-Ethik. – L. S.

Nr. 285 – 26. November 2022

Ich bin 57 Jahre alt. Ich arbeite in einem Krankenhaus im Sozialdienst in der Psychiatrie seit 2016. Dias habe ich immer gerne gemacht, doch nun habe ich Angst um meinen Arbeitsplatz. Zur Zeit leide ich an Depressionen und Todesängsten wegen der Impfung. Ich habe Magenschmerzen und einen starken Druck auf der Brust und merke, das ich vor lauter Panik nicht mehr denkfähig bin und nicht weiß, in welche Richtung ich gehen kann. Aus dem Druck heraus habe ich mich einmal mit Moderna impfen lassen und merke, ich möchte keine zweite Impfung.

– Corinna K.

Kommentare auf Twitter zu Nr. 285

@BuzzyDread – 26. Nov.
Antwort an @individ_impfen
Super ich würde mich freuen eine Ärztin wie Sie zu finden ❣️

@OllyOpaly – 26. Nov.
Antwort an @individ_impfen
Die Zeiten ändern sich auch wieder ... haben sie immer getan.

@Trauermantelsa1 – 26. Nov.
Antwort an @individ_impfen
Sagen Sie Nein zur 'Impfung', sagen Sie Ja zu Ihrem gesunden Menschenverstand. Bleiben Sie standhaft und bleiben Sie wahrhaftig.

@missmarple691 – 26. Nov.
Antwort an @individ_impfen
Meine HNO Ärztin lässt sich nicht impfen. O-Ton : Man muss mich hier raustragen, freiwillig höre ich nicht auf zu arbeiten.
Halten Sie bitte noch etwas durch, ich glaube fest daran, dass eine bessere Zeit kommen wird. D braucht Menschen wie Sie!

@InformiereDich3 – 26. Nov.
Antwort an @individ_impfen
Ich bin mir sicher, dass es irgendwann einen run auf kritische Ärzte wie Sie geben wird. Kein Mensch wird irgendwann mehr Interesse an Ärzten haben, die diese "Impfung" nie hinterfragt haben. Und davon gibt es sehr viele..

@ConnyKramer68 – 26. Nov.

Antwort an @InformiereDich3 und @individ_impfen

Ich habe meinen Arzt gewechselt, als dieser per WhatsApp Status zum Impfen aufgefordert hat. Sein neues Haus hat er zur Hälfte durch die Impfungen finanziert. Ich habe maximalen Respekt vor Ärzten, die nicht nur mitgelaufen und pro und contra einzeln pro Patient abgewogen haben.

@TinaOdyssey – 26. Nov.

Antwort an @individ_impfen

Stellt sich diese Frage überhaupt noch, wenn der Impfstoff weder vor Ansteckung noch Übertragung schützt?

Nr. 284 – 25. November 2022

Als Fachärztin für Psychiatrie und Psychotherapie habe ich mich immer noch nicht für eine Impfung entscheiden können, da mir das Nutzen-Risiko-Verhältnis nicht ersichtlich ist. Wie gehe ich als niedergelassene Ärztin mit der Impfpflicht

um? Wenn ich mich nicht impfen lasse, dann droht mir der Entzug meines KV-Sitzes. Langsam bereitet mir das Thema schlaflose Nächte.
– Dr. Klara O.

Nr. 283 – 24. November 2022

Ich, w, habe 2012 mit 48 Jahren nach sorgfältiger Überlegung und Abwägung unter sehr großem finanziellen und persönlichen Risiko eine dreijährige Ausbildung zu meinem - wie sich zeigte und noch so ist - Traumberuf als examinierte Altenpflegerin aufgenommen und bin seither darin bei einem ambulanten Sozialdienst sehr glücklich tätig. Ich denke, Impfungen sind ein Eingriff in das persönliche Immunsystem und haben zusätzlich aufgrund von möglichen sog. Impfnebenwirkungen (UAW) Einfluss auf die gesamte Physiologie und sollte deswegen stets der persönlichen Freiheit unterliegen. Daher bin ich für Impffreiheit für alle. Ich möchte mich aus vorgenanntem Grund grundsätzlich nicht impfen lassen. Die aktuelle Entwicklung (Impfpflicht in der Pflege) hat mich dazu veranlasst, das Verlassen des Berufs in die Wege zu leiten. Das bedeutet persönlich ganz konkret akute Existenzangst. Es bedeutet zum zweiten Mal innerhalb von neun, dritten Mal innerhalb von dreißig Jahren den Verlust eines Berufes, den ich jeweils unter sehr großem finanziellen und persönlichen Risiko erarbeitet habe, in dem ich mich jeweils wohl fühlte und bleiben wollte. Es bedeutet, dass ich rund alle zehn Jahre schon wieder - mit fast 58 Jahren - bei Minus Null anfangen muss und diesmal aufgrund der unklaren Gesetzlage und deren Konsequenzen nicht einmal eine Strategie entwickeln kann. Es bedeutet politisch schiere Enttäuschung über einfach alles: gebrochene Versprechen, dass es keine Impfpflicht gäbe; die Wandlung vom Paulus zum Saulus einzelner/vieler [auch jüngst in die Politik gewechselter] Politiker, fehlende Perspektiven für alle, die sich nicht impfen lassen wollen.

Beruflich fühle ich mich dreifach abgestraft, denn: es ist sowohl von der Arbeit selbst als auch den Arbeitsumständen her ein anstrengender Beruf, der nunmehr ein weiteres Mal nicht honoriert wird, und nun soll ich alternativ- und perspektivlos dazu verpflichtet werden, noch ein zusätzliches Risiko für mich selbst persönlich einzugehen. Anders ausgedrückt: Pflege beklatschen im Frühjahr 2020, abstrafen im Frühjahr 2022 durch gesetzlichen Verlust des Rechts auf körperliche Unversehrtheit / Impffreiheit ohne

Alternative. Ich fühle mich zutiefst verunsichert, weil niemand sagt, wie es für diejenigen, die sich nicht impfen lassen wollen, weitergehen soll oder kann. – Anke J.

Nr. 282 – 23. November 2022
Für mich wirkt ganz praktisch die Impfpflicht spaltend. In der eigenen Familie, wie auch bei Freunden wird erbittert pro und Kontra diskutiert oder nicht mehr miteinander gesprochen, statt sich mit Ruhe auszutauschen und voneinander zu lernen. So werden selbst alte Beziehungen in Frage gestellt und auch oft zerstört. Mein bester, langjähriger Freund will nichts mehr von mir wissen, nur weil meine Frau nicht geimpft ist und ich das für sie als richtig erkannt habe. Oder eine Mutter mit 4 geimpften Kindern, wird von diesen angegriffen, so daß sie seelich in eine Art innere Emigration getrieben wird, mit ihrer Entscheidung gegen die Impfung. Lernen wir wieder den anderen Menschen als Rätsel zu verstehen in seinem ganzen Anderssein und lernen wir dies zu akzeptieren, statt recht zu behalten in dem, was richtig oder falsch ist. Das geht aber nur, wenn wir jeden Menschen als selbstbestimmtes Individuum begreifen und anerkennen. Dann sind wir

auch wieder frei im Denken, Fühlen und Wollen, so daß wir uns nicht als gespaltene Gesellschaft, sondern als Beziehungsgemeinschaft, lernend sich und den Mitmenschen als selbstständiges und daher selbst wirkendes menschliches Wesen zu erfasst in unserer ganzen Existenz wiederfinden.

– Alex M.

Nr. 281 – 22. November 2022

Ich leide an Multipler Sklerose. Da ich mich selbst erfolgreich naturheilkundlich behandele, wird mein Immunsystem nicht supprimiert. Jede Impfung kann bei mir mit hoher Wahrscheinlichkeit einen Schub auslösen. Ja, eine Infektion auch, aber hier habe ich immer noch eine große Chance, mich nicht anzustecken. Jahrzehntelang wurde von Ärzten und die MS-Gesellschaft gepredigt, dass MS-Patienten auf Reisen in Länder verzichten sollten, für die es eine Impfempfehlung gibt. Jetzt soll speziell diese Impfung kein Problem darstellen? Da nun die Multiple Sklerose keine offizielle Kontraindikation für die Impfung darstellt, werde ich als selbstständige Heilpraktikerin Mitte März nächsten Jahres ein Problem haben, falls diese geplante Pflicht zur Impfung nicht nocheinmal zurückgezogen wird. Ich hoffe sehr, dass Sie und andere Organisationen erfolgreich intervenieren können. – Anette Wagner

Nr. 280 – 21. November 2022

Ich bin 53 Jahre alt und arbeite seit 25 Jahren in einem privaten Pflegeheim in Baden-Württemberg als kaufmännische Angestellte in der Verwaltung. Ich verliere einen wunderbaren Arbeitsplatz, einen wunderbaren Chef und wunderbare Kollegen und Kolleginnen, die trotz der unmöglichen Situation, in der wir ALLE sind, weiter durchhalten und sich gegenseitig unterstützen. Nun werde ich gezwungen meinen Arbeitsplatz zu räumen, den ich seit 25 Jahren habe! Für mich bedeutet dies eine unzumutbare Härte! Und nicht nur für mich, mein Chef muss sich nach einer neuen Sekretärin umsehen, eine der er seit Jahren vertraut hat, muss gehen und er kann nichts dagegen unternehmen. Eine Schande!
– Kirsten H.

Nr. 279 – 20. November 2022

Die einrichtungsbezogene Impfpflicht ist ein extremer Übergriff in meinen Beruf, vor allem auch in meine Gesundheit, meinen Körper und mein

Leben. Sie bedeutet schlussendlich, dass ich Wege finden werden muss und zur Not diesen Bereich meines Berufes nicht mehr ausüben werde, da ich mich nicht zwingen lasse, wenn ich über die Wirksamkeit nicht überzeugt bin. Da ich Freiberuflerin bin, kann ich diesen harten, durchaus auch finanziell schweren Einschnitt in meinem Leben vornehmen. Ich habe mich sehr verantwortungsbewusst bisher verhalten, immer pro Gesundheit und das werde ich weiterverfolgen. – M. W.

Nr. 278 – 19. November 2022

Ich bin als Kindergärtnerin in einer Tageseinrichtung für Kinder tätig - z.Z. arbeitsunfähig aufgrund eines Knochenbruchs. Letzteres ist ein Glücksfall in Anbetracht der Corona-Politik. Ich empfinde es als ungeheuer anmaßend den Impfstatus abzufragen & auf eine Antwort zu bestehen. Das allein schon widerspricht grundsätzlich meinem demokratischen Verständnis & dem, was ich über den persönlichen Datenschutz kenne. Wahrscheinlich werde ich aufgrund der berufsbezogenen Impfpflicht meine Arbeit nicht mehr ausüben. – Silvia K.

Nr. 277 – 18. November 2022

Am Anfang der Pandemie habe ich gehofft, dass den Menschen nun endlich die Augen geöffnet werden und jeder sieht, wie wichtig die Pflegekräfte für die Gesellschaft sind. Ich habe gehofft, dass daraufhin die Arbeitsbedingungen für diese damals als "Helden" betitelten Personen endlich verbessert werden. Sozusagen als Dank für ihre Heldentaten. Inzwischen werden wir als assozial dargestellt, wenn wir uns ungeimpft den pflegebedürftigen Menschen nähern (Obwohl die Impfung keinen Fremdschutz bietet!). Ich war für die Menschen da, als sie mich brauchten. Und werde es auch in Zukunft sein (vorausgesetzt es wird mir nicht verboten!) Darf ich im Gegenzug dann nicht wenigstens selber entscheiden, ob ich mich impfen lasse oder nicht? Ich bin sehr gespannt, wie sehr sich der Zustand verschlechtern wird, wenn sich die ungeimpften Pflegekräfte fürs Gehen entschieden. Man muss ständig einspringen, sowohl an freien Tagen als auch im Urlaub. Man hat nicht mehr genug Zeit für die Klienten und reagiert oft gestresst, was auch die Klienten zu spüren bekommen. Ich kann mir nicht vorstellen, wie es funktionieren soll, wenn nun viele Pflegekräfte gleichzeitig ihren Job aufgeben. Wir sind auf jede einzelne Pflegekraft angewiesen! Auch wenn ich den Beruf sehr gerne ausüben würde, und meine Ausbildung äußerst ungern abbrechen will, bin ich am überlegen, ob auch ich mich fürs GEHEN entscheide. Pflegekräfte haben schon viel mit sich machen lassen - aber irgendwo muss doch eine Grenze sein! – Lena B.

Nr. 276 – 17. November 2022

Für mich bedeutet die Einführung der Impfpflicht für Gesundheitsberufe, dass ich nach 14 Jahren in der Krankenpflege wohl arbeitslos werde, da eine Impfung mit diesen Impfstoffen für mich nicht infrage kommt. Fehlende bzw. unvollständige Studienlage, von der Herstellung bis zur Zulassung nur ca. 9 Monate?! Keine (oder nur bedingte) Anerkennung einer natürlichen Immunität – all das wirft Fragen auf, die nicht beantwortet werden. Damit ist die Entscheidung zur Impfung NICHT FREI, sondern eine NÖTIGUNG.
– Marlies P.

Nr. 275 – 16. November 2022

Ich bin zwar Jahrgang 61, vor einer Ansteckung mit der Omikron-Variante habe ich aber keine Angst. Ich vertraue meinem Immunsystem bzw.

meiner Lunge, bin sportlich und habe eher Untergewicht. Ich habe nie Grippe gehabt. Berufsgruppen zu zwingen, sich impfen zu lassen oder den Job zu verlieren, halte ich für nicht gerechtfertigt. Denn Geimpfte können genauso infektiös sein wie Ungeimpfte und das Virus weitergeben. Ein Impfzwang für Berufsgruppen wird zu noch mehr Mangel an Pflege-Personal und Ärzten führen. Die Menschen werden in andere Berufe abwandern, wo es keine Impfpflicht gibt.
– Thomas S.

Nr. 274 – 15. November 2022

Ich arbeite seit fast 30 Jahren in meinem Beruf und liebe was ich tu. Ich bin nie oder sehr selten krank und belaste unser Gesundheitssystem nicht. Eine Impfpflicht würde nicht nur meine Familie auseinanderreißen, denn ein Teil würde auswandern, sondern die Bußgelder würden mich finanziell ruinieren, da wir Physiotherapeuten eh nur wenig verdienen. Ich habe mich intensiv mit den Impfstoffen befasst sowie deren Wirksamkeit und ich würde das meinem Körper nie antun. Ich stärke lieber mein Immunsystem mit Sport und gesunder Ernährung. Ich hätte solche Angst vor Impfschäden oder

Nebenwirkungen, die ich regelmäßig in unserer Praxis beobachte. – Heidi E.

Nr. 273 – 14. November 2022

Ich bin Yogalehrerin, Seminarleiterin und diplomierte Biochemikerin. Seit der Impfpflicht darf ich keine Präsenzkurse oder auch Seminare mehr anbieten. Damit werde ich zum Impfen gezwungen. Ich habe einen gesunden Lebensstil, achte darauf in Balance zu bleiben und mein Immunsystem zu stärken und pflege einen positiven Geist. Ich habe nichts gegen das Impfen, ich habe aber etwas dagegen, dass ich nicht frei über meinen eigenen Körper bestimmen darf.
– Anonym

Nr. 272 – 13. November 2022

Ich bin von Beruf Hebamme, habe aber sehr viele Jahre freiberuflich gearbeitet. Ich hatte bis jetzt vor, auch wieder als Hebamme tätig zu werden, wenn meine familiäre Situation dies zulässt. Gerade bei dem immer weiter um sich greifenden Hebammenmangel, wäre der Schritt in diese Richtung ja sehr hilfreich. Die Idee habe ich nun ganz weit weggeschoben wegen der Impfpflicht!
– Anja S.

Nr. 271 – 12. November 2022

Ich empfinde die Impfpflicht als Respektlosigkeit gegenüber mir als Person und gegenüber meiner Tätigkeit. Man sieht, dass es der Bundesregierung egal ist, ob medizinisches Personal den Beruf verlässt. – Wolfgang D.

Kommentare auf Twitter zu Nr. 271

@SuchtiSchleich – 12. Nov.
Antwort an @individ_impfen
So wie es der Regierung egal ist das Menschen nicht mehr arbeiten können, weil sie einen impfschaden haben.

@friedrich_mohr – 13. Nov.
Antwort an @individ_impfen
Impfstoffe sind Sicher & Getestet haben sie gesagt.. 2 Jahre lang hatten etliche Experten das Bezweifelt..
Verschwörungstheorien hat man das genannt oder Schwurbeln..
https://europarl.eu-ropa.eu/doceo/document/P-9-2022-003358_DE.html

@Beliyana3 – 13. Nov.

Antwort an @individ_impfen

Bin seit Nov.21 arbeitunfähig,gestern wurde ich von meinem AG aufgefordert meinen Impfstatus an zu geben, obwohl ich sicherlich erstmal nicht arbeiten kann.

Warum soll ich meinen Impfstatus ange-ben,wenn ich die Einrichtung sowieso nicht betrete?

Nr. 270 – 11. November 2022

Da ich in einer onkologischen Rehaklinik als Lo-gopädin angestellt bin, werde ich zur Covid-Imp-fung gezwungen, um meinen Arbeitsplatz behal-ten zu können, obwohl sich in mir alles dagegen wehrt. Ich bin gesund, halte mich an alle er-wünschten Vorsichtsmaßnahmen und kann nicht einsehen, mich der zweifelhaften MRNA-Impfung auszusetzen. Ich bin mittlerweile psy-chisch sehr mitgenommen, weil ich gezwungen werde, gegen mein besseres Wissen zu handeln. Das hat mit Freiheit und mit dem Recht auf kör-perliche Unversehrtheit nichts mehr zu tun. Und von den Entscheidungsträgern in der Politik bin ich maßlos enttäuscht. – Franziska B.

Nr. 269 – 10. November 2022

Für mich wird dieses Gesetz praktisch zum Berufsverbot. Und ich kann nichts anderes. Mit 18 habe ich mit diesem Beruf angefangen. Jetzt bin ich 36 und meine Karriere wird voraussichtlich zu Ende sein. Ich glaube nicht an die Wirkung dieser so schnell entwickelten Präparate. Ich habe nur die Impfungen die schon Jahre geprüft worden sind, genauso mein Mann und unsere Kinder. Ich wurde schon mal positiv getestet und Antikörper habe ich immer noch. – Michaela N.

Nr. 268 – 09. November 2022

Die geplante Impfpflicht im Gesundheitswesen wird unsere Existenz stark gefährden. Ich habe eine Frau und 3 Kinder, zusätzlich ein Haus anzubezahlen. Aufgrund der Depressionen meiner Frau bin ich seit 6 Jahren Alleinverdiener, was schon immer recht happig war und womit wir grad über die Runden kommen. In der Pathologie arbeite ich seit April 2012 also seit fast 10 Jahren, doch mein Jubiläum werde ich durch die Impfpflicht nicht mehr erleben. Ebenso laufen wir

Gefahr unser Haus zu verlieren wenn ich meinen Job verliere, das alles durch eine völlig sinnbefreite Impfpflicht. Es macht mich wirklich sprachlos, auch wie unser Arbeitgeber diese Sache befürwortet und nicht hinter den Mitarbeitern steht. Hoffentlich können wir das irgendwie noch kippen. – Hartmut M.

Nr. 267 – 08. November 2022

Ich möchte selber entscheiden, ob ich eine Impfung möchte oder nicht. Ich bin gesund, warum muss ich das beweisen. Mein Mann hat sich gezwungener Maßen impfen lassen, weil sein Arbeitgeber gedroht hat, dass er keine Lohnfortzahlung bekommt, im Krankheitsfall. Damit wir unsere Schulden vom Eigenheim weiterhin tilgen können, hat er es gezwungener Maßen über sich ergehen lassen. Ich habe eine Praxis, die durch die Pandemie schleppend läuft seit 1,5 Jahren, die Sofortzahlungen sind aufgebraucht und es gibt keine weitere Hilfe. Ich weiß nicht mehr weiter. – Anonym

Nr. 266 – 07. November 2022

Auch ich bin von der Impfpflicht betroffen. Für mich bedeutet es, dass ich das Vertrauen in unseren Staat verloren habe. Vor der Wahl haben alle versprochen, es wird keine Impfpflicht geben. Es hat nur kurze Zeit gedauert und die Welt sieht anders aus. Ich arbeite als Heilpraktikerin mit Schwerpunkt Osteopathie. Seit 16 Jahren arbeite ich mit Freude und Spaß in meinem Beruf. Derzeit bin ich eher bereit, meine wirtschaftliche Existenz zu verlieren und dadurch meine Gesundheit zu schützen. Darüber hinaus werde ich in Deutschland nicht weiter arbeiten dürfen. – Birgit H.

Kommentar auf Twitter zu Nr. 266

@zech_sebastian – 8. Nov.
Antwort an @individ_impfen
Ich finde es schlimmer das dass Bunderverfassungsgericht diese nicht gekippt hat. Mit der Begründung man könnte den Job wechseln.
Und zu diesem Zeitpunkt hatte sich schon gezeigt das es keine Immunität gibt, wenn man es sehen wollte.

@BikerSab – 7. Nov.
Antwort an @individ_impfen
Unser Schwiegersohn ist lieber gleich in einen anderen Beruf gegangen als es beschlossen wurde.

Die haben mehr Leute verloren als sie denken...
Für eine "Impfung" die die Übertragung nicht aufhält und nicht schützt. Es wird alles raus kommen.

Nr. 265 – 06. November 2022
Ich befinde mich momentan in einer sehr schwierigen Situation. Ich arbeite in einer Behinderteneinrichtung und für mich die Impfpflicht. Ich liebe meine Beruf. Die Förderung und Betreuung schwer behinderter Kinder war für mich immer mehr als nur ein Beruf. Die große Verantwortung für die mir anvertrauten Menschen habe ich immer mit großer Sorgfalt erfüllt. Auch während der Pandemie habe ich immer alle empfohlenen Schutzmaßnahmen befolgt. Nun stehe ich vor der Arbeitslosigkeit. Meinen geliebten Job zu

verlieren ist für mich unfassbar. Nicht, dass mir dadurch meine berufliche Erfüllung genommen werden soll, sondern auch meine finanzielle Existenz bedroht ist. Seit Wochen bin ich psychisch so angespannt, dass es mich nicht zur Ruhe kommen lässt. Ich denke meine Verzweiflung ist spürbar ... Ich weiß nicht, wie es weiter gehen soll. – Daniela K.

Nr. 264 – 05. November 2022

Ich komme gerade aus der Elternzeit und habe mein Kind noch zuhause. Deswegen habe ich mich um einen Job bemüht, der es mir erlaubt stundenweise arbeiten zu gehen und mein Kind trotzdem gut betreuen zu können. Ich habe eine Seniorenbetreuung gefunden, die mir auch sehr viel Freude bereitet. Wir testen uns dort immer vor dem Kontakt mit den Senioren und sind auch ansonsten natürlich vorsichtig. Die Impfpflicht bedeutet, dass ich diesen Beruf nicht mehr ausüben kann. In meine ursprüngliche Anstellung als Verkäuferin kann ich aber nicht zurückgehen, ohne dass meine Tochter in Betreuung müsste. – Ines R.

Nr. 263 – 04. November 2022

Ich arbeite als Fachkraft in der Behindertenhilfe. Mir wurde durch meine Vorgesetzte mitgeteilt, dass ich ohne Bezüge von der Arbeit freigestellt werde. Für mich ein Schlag ins Gesicht, nachdem gerade in der Coronazeit auch in unserem Bereich ein besonderes Engagement unsererseits für unsere Betreuten gefordert war. Welche Konsequenzen ich für mich persönlich ziehe, ist mir zum jetzigen Zeitpunkt noch nicht klar. Klar ist, dass ich meinen Beruf gerne weiter ausüben möchte, aber wenn soziales Engagement mit Zwang bestraft wird, weiß ich nicht, ob das auch noch für die Zukunft für mich gilt. – Moni A.

Nr. 262 – 03. November 2022

Ich habe in einem SBBZ für geistige Entwicklung (früher hieß das Sonderschule für geistig Behinderte) in einer absoluten Krisensituation die Geschäftsführung übernommen. Sollte ich von der Impfpflicht betroffen sein, muss ich diese Aufgabe abgeben und die Schule wäre in einer akuten Krise ohne wirtschaftliche und organisatorische Leitung. Mir selbst würde das Herz bluten, sie sich selbst zu überlassen, aber ich werde mich deswegen nicht impfen lassen. – Dr. K. P.

Nr. 261 – 02. November 2022

Ich kann meinen Berufen nicht mehr nachgehen. Ich bin 35 Jahre alt, examinierte Krankenschwester aus München und habe bereits vor vielen Jahren aufgrund der schlechten Bedingungen der Pflege den Rücken zugekehrt. Ich war auch damals - vor Covid - bereits alleine im Nachtdienst für über 20 pflegebedürftige Patienten zuständig und hatte tagsüber mit völlig überforderten Kollegen zu tun. Das war der Politik damals schon egal. Ich arbeite heute hauptberuflich als medizinische Fachangestellte in einer Hautarztpraxis und nebenberuflich in einer Frauenarztpraxis; beide Berufe darf ich voraussichtlich nicht mehr ausüben. Ich habe immer gerne in Deutschland gelebt und mich sicher und zuhause gefühlt - das hat sich leider geändert. – Anonym

Nr. 260 – 01. November 2022

Seit 1995 habe ich eine gutartig verlaufende Form der MS. Aktiviert sechs Monate nach meiner dritten Hepatitis B Impfung. Ich arbeite als Kinderkrankenschwester in der Anästhesie. Ich investiere sehr viel für die Gesunderhaltung. Reduzierte Arbeitszeit (weniger Geld/Rente), Sport, entzündungsfreie Ernährung, Stressreduktion, keine Schichtarbeit etc. All dies kann mit einem Schlag vernichtet werden. Mein Neurologe rät mir ab, ich bekomme aber kein Attest. Ich solle aber nichts tun, was mein Immunsystems aktiviert oder provoziert. Da Pflege = Impfpflicht, muss ich jetzt zwischen zwei Grundrechten wählen. Körperliche Unversehrtheit und keinen Job/Geld oder das Recht auf Arbeit mit einem ungewissen Ausgang. Meine Verzweiflung ist groß. – Steffi B.

Nr. 259 – 31. Oktober 2022

Die Impfpflicht bedeutet für mich als selbstständige Hebamme, dass ich meine Tätigkeiten in unserem neu gegründeten Geburtshaus aufgeben muss. Außerdem kann ich nicht mehr in der Vor- und Nachsorge tätig sein und muss einigen Frauen, die sich meine Unterstützung in ihrer Schwangerschaft, bei der Geburt und im Wochenbett gewünscht haben, leider absagen. Die Impfpflicht bedeutet für unseren Kreis, dass die Hausgeburtsversorgung dramatisch abnimmt. Viele der Hebammen sind nicht geimpft und werden ihre Tätigkeit aufgeben müssen.
– Sarah G.

Nr. 258 – 30. Oktober 2022

Ich habe mich in den letzten 2 Jahren gewissenhaft an die Abstandsregeln und teils fragwürdigen Maßnahmen gehalten, hatte in dieser Zeit noch nicht einmal eine richtige Erkältung – während einige Bekannte, doppelt geimpft, teils geboostert, an Corona erkrankt sind... von den Nebenwirkungen der Impfung/Impfschäden möchte ich hier gar nicht sprechen... Gerade, weil es bei dieser "Impfung" keinen Fremdschutz gibt und darum geht es doch, macht mich dieses "Gesetz" so fassungslos. Da ich hauptberuflich am Empfang eines Krankenhauses und nebenberuflich in einer Demenz-WG als Betreuungskraft arbeite, werde ich genötigt, mir Ende Januar die erste Spritze und Ende Februar die zweite Spritze geben zu lassen; ansonsten droht mir in meinem Hauptjob eine 6-wöchige Freistellung unter Hartz IV-Bezug mit anschließender Kündigung und in meinem Nebenjob gilt das gleiche - natürlich ohne irgendwelche Bezüge. Da ich alleine lebe und auf keine Rücklagen zurückgreifen kann, habe ich keine Alternative als mir die Spritzen geben zu lassen.

– Manuela S.

Nr. 257 – 29. Oktober 2022

Die Impfpflicht (Masern und Corona) setzt mir und uns zu! Ich möchte in meiner Selbstbestimmung nicht beschnitten werden und weiß nicht, wie meine Zukunft aussehen wird. Ich liebe meinen Beruf, werde mich deswegen aber keinem gentechnischen Experiment zur Verfügung stellen. Ich habe eine 5-jährige Tochter, trage Verantwortung und soll nun die Wahl haben zwischen, im besten Fall krank werden oder meinen Beruf nicht mehr auszuüben? Ohne Job wird unsere Familie mehr als belastet, aber aktuell sehe ich keine andere Möglichkeit als meinen Job zu verlassen. – Anonym

Nr. 256 – 28. Oktober 2022

Wenn jetzt meine qualifizierte physiotherapeutische Arbeit von der Entscheidung von einer Impfung mit bedingter Zulassung abhängt, ist meine wirtschaftliche Existenz bedroht. Meine Arbeitgeberin hat mich mit einer Impf-Aufforderung bisher nicht bedrängt, sie zahlt mir alle Tests in der Woche (5x!) und versucht auch sonst keinen Druck auszuüben. Ich bin die einzige Ungeimpfte in einer Praxis mit 4 Angestellten, meine Position wird jedoch von allen Kollegen respektiert. Der

Verlust meiner Arbeitskraft wäre auch für die Praxis mit schweren finanziellen Einbußen verbunden, da ich in einem recht breiten Spektrum qualifiziert bin und keine Aussicht auf Ersatz besteht. Die Versorgung mit Heilmitteln der Physiotherapie ist jetzt bereits am Limit, in Leipzig suchen viele Praxen seit Monaten Mitarbeiter, Patienten können nicht mehr ausreichend versorgt werden, Wartezeiten verlängern sich. Was das für die allgemeine gesundheitliche Situation gerade der älteren Bevölkerung ausmacht, kann man sich vorstellen ... – Sophie M.

Nr. 255 – 27. Oktober 2022
Falls die Impfpflicht für uns medizinische Pflegekräfte kommt, sehe ich mich gezwungen meine Herzensberufung Hebamme sein mit Leib und Seele niederzulegen. Ich betreue seit 14 Jahren Frauen und Familien bei Geburten im KH und bei Hausgeburten, bestärke die Schwangeren Ihrem Gefühl und Körper im Vertrauen zu folgen und unterstütze in den ersten 12 Wochen nach der Geburt die frischen Eltern / Mütter. Seit 2 Jahren läuft auch in der Geburtshilfe ziemlich vieles falsch. Sehr viele Frauen kommen traumatisiert aus ihren Geburten weil sie sich alleine fühlen.

Der werdende Vater bzw. die Begleitperson darf erst kurz vor der Niederkunft dazu kommen. Pro Tag 1h Besuchserlaubniss im Krankenhaus, Geschwisterkinder dürfen gar nicht ihre Mama und das Baby besuchen. Schwangere und Stillende werden massiv unter Druck gesetzt von Ihren Gynäkologen und dem Umfeld sich impfen zu lassen ... es reicht mir! Ich werde dieses kranke und verlogene System nicht mehr unterstützen. Ich bin gegen die Impfpflicht! Ich kämpfe für alle, die keine Kraft mehr haben, für meinen Sohn und evtl. meine Enkelkinder ... ich möchte Freiheit und Frieden!– Stefanie G.

Nr. 254 – 26. Oktober 2022

Mein Mann hat sich impfen lassen und zumindest auch einmal unseren autistischen Sohn. Ende November letzten Jahres verstarb mein Mann an einem plötzlichen Herztod mit 51 Jahren. Es droht mir jetzt auch noch ein Arbeitsplatzverlust, da ich auch als Genesene als Ungeimpfte gelte.
– Anonym

Kommentare auf Twitter zu Nr. 254

@_Mirosu_ – 27. Okt.
Antwort an @individ_impfen

@HoeglStefan – 27. Okt.
Antwort an @individ_impfen
Nicht verzweifeln! Es gibt immer noch großen Bedarf an guten erfahrenen Kräften, die vor allem Lebenserfahrung haben und aus dem Gröbsten raus sind(Kindererziehung z.B.)
Wenn der 'Gespritzt-Status eine Rolle spielt,... schlimm! Die Agentur f Arbeit hat inzwischen gute Tips. ✌️

@KristelBeee – 26. Okt.
Antwort an @individ_impfen
Das mit Deinem Mann tut mir wirklich schrecklich leid. Folge Deinem Gefühl und lasse Dich zu nichts drängen. Du bist der wichtigste Mensch in Deinem Leben. Und über das bestimmst nur Du. 🍀🍀🍀LG

@SuchtiSchleich – 26. Okt.

Antwort an @individ_impfen

Dieser Wahnsinn Muss endlich aufhören. Ich gelte nach 3x geimpft nun wohl auch als nicht mehr geimpft. Werde es auch nicht weiter machen da ich einen impfschaden habe. Ich habe jeden Tag Angst auf zuwachen was als nächstes passiert. Mein Beileid 🖤😪

Nr. 253 – 25. Oktober 2022

Für mich bedeutet die Impfpflicht wie für viele Angestellte in Kliniken, dass ich keinen Arbeitsplatz mehr haben werde. Da ich in meinem Umfeld bei Bekannten oder Freunden relativ häufig Nebenwirkungen nach der Impfung gegen Covid-19 gesehen habe, möchte ich mich dem Risiko nicht aussetzen. Ein Bekannter hat sein Gehör auf einem Ohr verloren (von zwei Ärzten anerkannter Impfschaden), eine Freundin hat seit ca. sechs Monaten nach ihrer ersten Impfung starke Kopfschmerzen entwickelt, Atemnot, Konzentrationsprobleme, Gedächtnisverlust etc. (von ihrem Hausarzt durch Blutuntersuchung nachgewiesener Impfschaden). – Anonym

Nr. 252 – 24. Oktober 2022

Als ich (inzwischen über 60) nach vielen Schwierigkeiten mein Leben selbst in die Hand nehmen konnte, habe ich mir geschworen, dass niemals irgendjemand irgendetwas macht, was ich nicht möchte! Konkret: Niemand setzt mir eine Spritze, wenn ich das nicht will! – Anonym

Nr. 251 – 23. Oktober 2022

Ich bin fassungslos darüber, dass wir als Fachpersonal quasi gezwungen werden, einen Stoff injiziert zu bekommen, der so schlecht wirksam ist. Diese Situation schlägt mir extrem auf die Psyche, sodass ich mich alsbald in Therapie befinde. Die Politik zerstört gerade mein Leben und das von vielen, vielen anderen Menschen in diesem einst schönen Land. – Marina Z.

Kommentare auf Twitter zu Nr. 251

> @schmitt23306661 – 24. Okt.
> Antwort an @individ_impfen
> und dabei hohes Risikopotential hat
> fassungslos
> unvorstellbar
> das hätte man sich nicht ausdenken können

@KerstinMarquar1 – 23. Okt.

Antwort an @individ_impfen

Das schlimmste ist die Ungewissheit, ob am 31.12 wirklich alles vorbei ist oder ob die Verlängerung droht. Ich verfüge wirklich über eine gesunde Resilienz, aber geht Lauterbach in die Verlängerung der Impfpflicht bin ich raus. Meiner Gesundheit zuliebe .

@oldman78530750 – 23. Okt.

Antwort an @KerstinMarquar1 und @individ_impfen

Lauterbach kann keine Verlängerung alleine beschliessen.

Hier müsste der Bundestag mit einer Mehrheit abstimmen.

Eine Mehrheit ist aber koalitionsübergreifend nicht zu erwarten.

Nr. 250 – 22. Oktober 2022

Ich lebe in Berlin und arbeite als Physiotherapeutin in einer ambulanten Praxis. Täglich arbeite ich mit vielen unterschiedlichen Menschen

zusammen und bin mit den öffentlichen Verkehrsmitteln unterwegs. In unserer Praxis gab es nie einen großen Ausbruch, ich habe mich auch nie bewusst angesteckt. Ich habe mich bewusst gegen diese Impfung entschieden und setzte auf Eigenverantwortung. Nun hab ich es 2 Jahre ohne Impfung geschafft und nun soll eine Pflicht kommen. Was bedeutet, dass ich meinen Beruf nicht ausüben kann. Mit welchem Recht kann die Politik gesunde Menschen verpflichten? Es würden ja nicht mal Blutteste gelten, wenn man eventuell beweisen könnte, eine gute Immunisierung zu haben. Ich hatte mit 14 Jahren eine Thrombose unklar woher. Die Nebenwirkungen der Impfung machen mir große Sorgen!
– Anonym

Nr. 249 – 21. Oktober 2022

Für mich bedeutet die einrichtungsbezogene Impfpflicht ab 15.3., dass ich vollständig geimpft sein müßte, um weiter in meiner Praxis zu arbeiten. Beuge ich mich dem Druck und lasse mich impfen, mit völliger Ungewissheit darüber, welche Impfungen noch erfolderlich sein werden, um diesen Status aufrecht zu erhalten? Ich empfinde das als starke Verletzung meiner Souveränität und körperlichen Unversehrtheit, zumal ich unge-impft oder geimpft niemandem anderem nutze oder schade. Das hätte ich in Deutschland nicht für möglich gehalten. – Thomas Mickler

Nr. 248 – 20. Oktober 2022

Ich arbeite im Gesundheitswesen, und zwar in der Abrechnungsabteilung eines Radiologischen Konzerns. In einem Büro, räumlich außerhalb von den Standorten, an denen die Untersuchungen stattfinden. Das heißt, ich treffe niemals unsere Patienten, habe mit diesen nur Kontakt über Telefon, Email oder mit Schriftverkehr. Letzte Woche kam eine Dame von der Personalabteilung zu mir und machte mir Druck und Angst, dass ich gekündigt werden könne, wenn ich mich nicht endlich gegen Corona impfen lassen würde. Ich sehe absolut nicht ein, wieso für jemanden wie mich mit Job weit ab vom medizinischen Geschehen und ohne Kontakt zu den „vulnerablen Menschen", die angeblich durch die Impfpflicht im Gesundheitswesen geschützt werden sollen, eine Impfung gegen Corona notwendig ist. Zur Not könnte ich auch komplett von zu Hause aus arbeiten, die technischen Möglichkeiten sind da, und ich arbeite schon jetzt an 3 Wochentagen im

Homeoffice. Ganz abgesehen davon, dass sich das Virus ständig verändert und es gar nicht sicher ist, ob diese Impfung überhaupt schützt. Schon gar nicht vor zukünftigen Varianten. Und auch geimpfte Personen haben das Virus ja weiter gegeben. Deshalb macht das für mich überhaupt keinen Sinn. – Ulla S.

Nr. 247 – 19. Oktober 2022
Ich selbst arbeite als Laborarzt in einem abgeschlossenen Bereich einer Klinik, ohne Patientenkontakt, trotzdem soll ich mich mit diesen teilweise schlecht verträglichen und sowohl hinsichtlich Übertragung wie Schutz vor der Covid-Erkrankung unzureichend wirksamen Vakzinen spritzen lassen. – Christoph R.

Nr. 246 – 18. Oktober 2022
Ich arbeite in der Universitätsmedizin. Meine berufliche Tätigkeit erfordert keinerlei Patientenkontakt, doch anscheinend unterliege ich allein durch meine Tätigkeit der einrichtungsbezogenen Impfpflicht. – Anonym

Nr. 245 – 17. Oktober 2022

Wir brauchen eine Pflicht – allerdings für die Hersteller, endlich alle Unterlagen zur Verfügung zu stellen! – Anonym

Nr. 244 – 16. Oktober 2022

Ich bin Sonderschullehrerin und begleite und unterrichte Kinder und Jugendliche mit psychischen, sozialen, emotionalen und physischen Beeinträchtigungen und Handicaps schon seit vielen Jahren mit größter Leidenschaft. Deshalb habe ich auch zusätzlich berufsbegleitend vor knapp vier Jahren 2018 die staatliche Ausbildung zur Kinder- und Jugendlichenpsychotherapeutin begonnen. Seit 2019 behandle ich in der Institutsambulanz eigene Patienten mit Therapieerfolg. Der „Run" auf die Ambulanz wurde vor allem seit Corona immer größer, da die psychische Belastung bei Kindern und Jugendlichen zum Teil massiv durch die Lebensbedingungen in Corona anstieg. Auch andere Praxen sind völlig überlaufen. Gerade in dieser Zeit ist die Entlastung von Kindern und Jugendlichen mit psychischen Symptomen enorm wichtig. Nun bin ich als nicht-geimpfte Psychotherapeutin in Ausbildung (PiA) gezwungen, ab März laufende Fälle abzubrechen und ich darf ungeimpft keine neuen Patienten behandeln. Die Ausbildung zur Kinder- und Jugendlichenpsychotherapeutin ist bekanntermaßen sehr kostenintensiv. Nun habe ich tatkräftig zwei Jahre lang die Ambulanz durch die Behandlung von Patienten unterstützt (und nur einen Anteil der Behandlungskosten vergütet bekommen – einen großen Teil behält ja das Ausbildungsinstitut ein) und kann und darf meine Ausbildung als Ungeimpfte nicht weiterführen und beenden. Dieser Zustand macht mich einfach nur völlig fassungslos und extrem traurig und verzweifelt. – Anonym

Kommentar auf Twitter zu Nr. 244

@ana7mare – 16. Okt.
Antwort an @individ_impfen
Das kann ich sehr gut verstehen, ich hoffe, dass sich das Blatt noch wendet. Du hast neben Deinen Lehrerkompetenzen einiges an Vermögen dazu gewonnen, was Dir keiner nehmen kann. Auch ungeimpfte Kinder werden Hilfe benötigen. Ich bin mir sicher, Du wirst sehr gefragt sein!

Nr. 243 – 15. Oktober 2022

Ich habe große Zweifel an der Wirksamkeit und starke Bedenken was die Nebenwirkungen und Langzeitfolgen angeht. Nicht nur für mich, nein, auch für mein gestilltes Baby. Nein zur Impfpflicht! – Anonym

Nr. 242 – 14. Oktober 2022

Für einen Studenten der Physiotherapie, der kürzlich sein duales Studium mit Bachelorthesis erfolgreich abgeschlossen hat, wirkt die Einrichtungsbezogene Impfpflicht quasi wie ein Berufsverbot: Er ist Multi-Allergiker und will sich aus diesem Grund nicht Impfen lassen. Damit darf er nicht mehr in neuen Einrichtungen/Arbeitsverhältnissen eingestellt werden. Von der Impfpflicht könnte er nur befreit werden, wenn er die geforderten Allergie-Atteste beibringen könnte. Selbst Allergologen scheuen davor, sich ernsthaft mit der Frage auseinanderzusetzen bzw. ein Attest auszustellen (vielfältige Gründe). Sie empfehlen, sich (in einer Klinik, stationäre 24h Überwachung) impfen zu lassen und dann zu beobachten, ob ein anaphylaktischer Schock einsetzt. Der junge Mann hat bereits zu einem früheren Zeitpunkt einen allergiebedingten anaphylaktischen Schock nur knapp überlebt und hat keinerlei Interesse dies ggf. zu wiederholen ... (Präventive bzw. für die Attestierung erforderliche) Laboranalysen, zur Abklärung der Verträglichkeit der Impfung, werden jedoch auch von Ärzten vermieden und sind zusätzliche, nicht nur für Studenten, kostenintensive Selbstzahler-Leistungen. Unabhängig davon ist die Frage, ob eine allergiebezogene Testung der Impfstoffe Sinn macht, wenn nicht alle Inhaltsstoffe deklariert sind und bereits die Impfstoff-Chargen eines jeden Herstellers in der Zusammensetzung variieren ... – Anonym

Nr. 241 – 13. Oktober 2022

Ich bin gründsätzlich gegen eine Impfpflicht, da diese gegen meine freie Entscheidungsmöglichkeit verstößt. – Manfred K.

Nr. 240 – 12. Oktober 2022

Mein Mann und ich arbeiten beide in einer Uniklinik und sind ungeimpft, aber derzeit genesen. Ich habe begründete Angst um meine Existenz. Ist das überhaupt noch ein Leben? Sich ständig einsperren zu lassen? Mir die Arbeit verbieten zu lassen, weil ich mich nicht impfen möchte? – J. H.

Nr. 239 – 11. Oktober 2022

Ich arbeite nicht direkt in der Pflege, sondern bin Reinigungskraft und Einkaufshelfer ohne direkten Patientenkontakt! Das heißt, ich putze nur und gehe einkaufen, arbeite aber mit den Patienten nicht direkt. Dennoch bin ich gezwungen mich impfen zu lassen, um meinen Job zu behalten! – Kai S.

Nr. 238 – 10. Oktober 2022

Sollte es für mich wahr werden, dass ich (Hebamme) geimpft sein muss und sonst gekündigt werde, dann beende ich meine Berufstätigkeit selbst, trotz des gravierenden Hebammenmangels. – Anonym

Nr. 237 – 9. Oktober 2022

Ich arbeite als geprüfte OP-Schwester seit 1999. Ich habe alle meine Pflichtimpfungen machen lassen – Hepatitis, Masern usw. Ich bin NICHT gegen Impfungen im Allgemeinen, ich habe auch meinem Sohn ALLE Kinderimpfungen geben lassen. Aber hier sind wir in einer Situation, wo ich fest überzeugt bin, dass alle Mittel, die hier im Augenblick als Impfungen verkauft werden, nicht gut wirksam sind. – Anonym

Nr. 236 – 8. Oktober 2022

Dass der Immunstatus im Rahmen der Impfpflicht kaum Eingang in die Bewertung einer Impfnotwendigkeit findet, ist schlichtweg ignorant. Der 10. Dezember 2021 war für mich einer der schwärzesten Tage der letzten zwei Jahre. – Anonym

Nr. 235 – 7. Oktober 2022

Wenn ich meiner inneren Haltung treu bleibe, ist wegen dieser Impfpflicht die Ausübung meines Berufes (ambulante Betreuung psychiatrisch erkrankter Menschen) akut gefährdet.– Jürgen K.

Nr. 234 – 6. Oktober 2022

Ich bin ein unbedingter Gegner jeder IMPFPFLICHT! Ich habe als Kinder Arzt 30 Jahre lang selbstständig in eigener Praxis alle Eltern individuell zum Impfen ihrer Kinder beraten, wobei jedesmal ausführlich die Wirkungen und Nebenwirkungen jeder Impfung differenziert und sachkundig geschildert wurden und die Entscheidung

über die Impfungen freilassend den Eltern überlassen wurden! Von daher lehne ich jede IMPF-
PFLICHT ab!! – Dr. Klaus T.

Nr. 233 – 5. Oktober 2022

Zurzeit bin ich in einem Krankenhaus angestellt.
Zudem habe ich eine Weiterbildung zum Kinder-
und Jugendtherapeuten als auch zum Gruppen-
psychotherapeuten begonnen - diese Ausbildungen kann ich nicht weiterführen. Und letztlich bin
ich Dozent an einer Krankenpflegeschule - auch
hier wird es mir nicht mehr gestattet sein zu arbeiten. – Anonym

Nr. 232 – 4. Oktober 2022

Die berufsbezogene Impfpflicht gegen COVID-
19 kann für mich bedeuten, dass ich über sehr
wenig bis keine Einkünfte mehr verfüge. Ich arbeite in zwei Praxen für Logopädie und Atem-,
Sprech- und Stimmtherapie. Ich liebe meine Arbeit. Ich habe mich über Monate hinweg reichlich
informiert und belesen, und wenn nur ein Teil von
den Nebenwirkungen stimmt, die man mittlerweile ja auch häufig dokumentiert hat, dann
sage ich nein!
– Natascha D.

Nr. 231 – 3. Oktober 2022

Ich arbeite seit 37 Jahren als Krankenschwester. Letztens hatte ich Covid, mein Antikörpertiter ist immer noch sehr hoch. Heute wurde mir die Kündigung ausgesprochen, sollte ich nicht zweimal geimpft sein.

– Gertraut P.

Kommentare auf Twitter zu Nr. 231

> @Frl_Doriena – 3. Okt.
> Antwort an @individ_impfen
> Ganz ehrlich? Ich glaub die wollen sie loshaben. Warum jetzt diese Kündigung (vermutlich dann zum Jahresende?), wenn die Impfpflicht dann eh abgelaufen ist?

> @RegineOehler – 3. Okt.
> Antwort an @individ_impfen
> nicht verzweifeln, es öffnen sich immer wieder neue Türen.. frag die Twitter Community wo es neue Möglichkeiten gibt

@k19_ruby – 3. Okt.

Antwort an @individ_impfen

Das traurige daran, Du wirst sicher eine vergleichbare und bessere Arbeit finden. Und dem Gesundheitswesen geht wieder eine gute Kraft flöten. Es ist eine Schande.

@Weib929509184 – 3. Okt.

Antwort an @individ_impfen und @SaintandHappy

Das tut mir leid aber du findest was anderes. Sollen sie es doch selbst machen. Ich bin schon 3 Jahre aus der Pflege raus und hab es nicht bereut

@Failing2see 3. Okt.

Antwort an @individ_impfen und @PMeisenstein

Das tut mir echt leid. Sowas unfaires, da fehlen einen die Worte. Du findest etwas viel Besseres 😻

@Eisenkraut3 – 3. Okt.
Antwort an @individ_impfen
Kann Dir keinen Rat geben - dennoch alles Liebe & Gute von mir!

@atwoda – 3. Okt.
Antwort an @individ_impfen
@Karl_Lauterbach: das InfSG ist purer Irrsinn und absolute Willkür. Sie wissen das. Bringen Sie die Dinge in Ordnung. Das ist Ihre persönliche PFLICHT als Bundesgesundheitsminister.

@minerva_rena – 3. Okt.
Antwort an @individ_impfen
...und das so kurz vor Ende der einrichtungsbezogenen Impfpflicht - unverantwortlich!
#UrteilDerSchande
#GesetzderSchande
#IfSGneinDanke

Nr. 230 – 2. Oktober 2022

Die Impfpflicht bedeutet Kriminalisierung, Berufsverbot und Ausgestoßenwerden. Wovon soll ich als Heilpraktikerin meinen Lebensunterhalt bestreiten? Wo soll ich leben? Wohin soll ich gehen? Welchen Sinn macht das noch? – Anonym

Nr. 229 – 1. Oktober 2022

Ich bin in einer großen Klinik in NRW in der Verwaltung tätig. Seit es Injektionsangebote gibt, werden wir Ungeimpften gemieden, seit einiger Zeit wie Aussätzige, man geht uns völlig aus dem Weg. Zwei meiner Kolleginnen, die seit über 30 Jahren hier tätig waren, haben schon gekündigt, sie hielten diese Diskriminierung nicht mehr aus. Bis vor kurzem mussten sich nur die Ungeimpften täglich in einer Teststelle außerhalb der Dienstzeit testen lassen. Mittlerweile testen sich auch die Geimpften – natürlich während der Dienstzeit und nur zweimal die Woche! Sollte die Impfflicht im März kommen, werde ich meine Arbeit verlieren. Keinesfalls werde ich nachgeben, auch nicht für diesen eigentlich sicheren Arbeitsplatz! Natürlich gebe ich dann alles auf, und da ich mittlerweile Mitte 50 bin, werde ich bestimmt auch keinen anderen Job mehr bekommen. – Anonym

Nr. 228 – 30. September 2022

Ich bin 62 Jahre alt und Physiotherapeutin und wenn ich mich nicht impfen lasse, bin ich arbeitslos. Es wird schwierig sein, in meinem Alter eine andere Anstellung zu finden. – Jutta H.

Nr. 227 – 29. September 2022

Ich hatte eine Erkrankung und heute noch Nachwirkungen im Nervensystem. Zudem habe ich eine Faktor-V-Mutation und somit eine Gerinnungsstörung. Keiner kann voraussagen, was passiert, wenn ich mich impfen lasse, egal mit welchem Impfstoff. Ich bin mit Leib und Seele Heilpraktikerin und für meine Patienten da. Aber man zwingt mich praktisch dazu, die Praxis zu schließen. – Jutta L.

Kommentar auf Twitter zu Nr. 227

@vadaswa – 29. Sep.
Antwort an @individ_impfen
Faktor II Mutation bei mir, .. 3 Tage nach Biontech habe ich einen Schlaganfall bekommen .. bis heute wird die Impfung blind für alle empfohlen #Impfschaeden

Nr. 226 – 28. September 2022

Mit der Teil-Impfpflicht habe ich das Vertrauen in den Rechtsstaat verloren. Welche Gründe kann es geben, das medizinische Personal dazu zu zwingen? Ist das medizinische Personal nicht selber an seiner Gesundheit interessiert? Einige Verfassungsrechte werden dabei vergessen. Ich hätte nie gedacht, dass ich so etwas erleben könnte. – Clementina C.

Nr. 225 – 27. September 2022

Ich darf meine Arbeit nicht verlieren und werde wegen der Impfung echt beträngt. Ich arbeite in der Zimmerreinigung in einem Altenheim. Ich darf bereits nicht mehr mit anderen Kolleginnen (trotz Abstand und täglichen Tests) frühstücken. Einmal war ich falsch-positiv beim Schnelltest und es gab für meine 2 Kolleginnen Ärger, weil sie mit mir gefrühstückt hatten – mit großem Abstand und geöffnetem Fenster. Seitdem frühstücke ich immer alleine. So findet leider auch dort keine Gemeinschaft und Gespräche statt. – Doris S.

Nr. 224 – 26. September 2022

Jeder, der sich impfen lässt, hat das aus einem bestimmten Grund für sich selbst getan. Sei es aus der Angst heraus, dass er schwer an Covid 19 erkrankt, oder aber sogar daran stirbt. Oder aus der Angst heraus, dass er nicht mehr am sozialen Leben teilnehmen kann. Oder aus der Angst heraus, seinen Job zu verlieren, wenn er nicht mitspielt. Oder aus der Angst heraus, einen geliebten Menschen zu infizieren, der sich selbst nicht schützen kann. Das ist kein solidarisches Verhalten, sondern jede dieser Entscheidungen ist angstgetrieben. Bei jedem Menschen steht hinter der Impfung also seine ganz persönliche Angst. Vor der Covid 19-Erkrankung habe ich überhaupt keine Angst, weil das ein natürlicher Prozess ist und ich der Meinung bin, wenn mein Körper das nicht packt, was in der Umwelt ist, dann hat das seinen Grund. – Anonym

Nr. 223 – 25. September 2022

Die Impfpflicht ist ein politischer Übergriff auf den Menschen. Was mir am meisten dabei aufstößt, ist die Tatsache, dass die natürliche Immunität nicht richtig anerkannt wird. – Anonym

Nr. 222 – 24. September 2022

Ich habe eine Blutgerinnungsstörung, die mir bis dato noch keine großen Probleme bereitet hat, weil ich seit meiner Jugend ziemlich gesund lebe. Kein Arzt kann mir garantieren, dass es nach den Spritzen nicht zu Problemen kommen wird. Sie gehen davon aus, dass es nur bei einer geringen Anzahl zu Nebenwirkungen wie z. B. einer Thrombose oder Ähnlichem kommen kann. Dass ich nicht zu dieser geringen Anzahl gehöre, das garantiert mir aber keiner. Eine Befreiung aufgrund der Blutgerinnungsstörung bekomme ich selbstverständlich auch nicht. – Anonym

Nr. 221 – 23. September 2022

Mein Mann und ich sind examinierte Altenpfleger. Wir arbeiten in unserem Beruf seit 2007/2008, ohne einen Tag krank gewesen zu sein. Auch ohne Corona waren wir ständig unterbesetzt, es gab wenig Freizeit, viele gesundheitliche Probleme. Fakt ist, dass wir einen A...tritt bekommen, wenn wir uns nicht impfen lassen. Was ist, wenn einer oder beide von uns schwere Nebenwirkungen bekommen? Wer soll meine drei kleinen Kinder großziehen? Hier liegt meine größte Angst. Ich habe eine Verantwortung meinen Kindern gegenüber. Wir werden es in Kauf nehmen, am Existenzminimum zu leben. Wir werden wohl oder übel unseren Beruf aufgeben oder aus Deutschland auswandern und uns anderswo ein neues Leben aufbauen. – Anonym

Nr. 220 – 22. September 2022

Ich bin 54 Jahre alt und eine Fachkrankenschwester für Anästhesie und Intensivmedizin. Ich bin seit über 30 Jahren in diesem Beruf tätig. Diese Impfpflicht bedeutet für mich das berufliche Aus. Ich werde in meinem Alter wohl kaum umschulen können. Wenn ich Glück habe, finde ich irgendeinen Job, der mich finanziell über Wasser hält ... – Judith S.

Nr. 219 – 21. September 2022

Ich bin seit 22 Jahren examinierte Kinderkrankenschwester und meinem Beruf bisher gern und engagiert nachgegangen. Mir ergibt sich daraus kein Sinn für eine Impfpflicht, da dies nicht mit einer Masern-Impfung zu vergleichen ist, welche nachweislich immunisiert und deswegen auch einen Nutzen hat. Deswegen schaue ich mich nun schon seit mehreren Monaten bewusst nach Arbeitsstellen, bewusst auch außerhalb der Pflege um. Mehrere Kollegen haben bereits gekündigt. – Sylvia P.

Nr. 218 – 20. September 2022

Ich bin im dritten Jahr meiner Ausbildung zur Logopädin. Ich will mich nicht mit einem Covid-19-Impfstoff impfen lassen. Für mich als Ungeimpfte könnte jederzeit ein Betretungsverbot der Medizinischen Hochschule unter Wegfall der Bezüge ausgesprochen werden. Wenn ich mich nicht zur Impfung zwingen lasse, muss ich meine Ausbildung also wahrscheinlich abbrechen. Ich bin 56 Jahre alt, habe als alleinerziehende Mutter zwei Kinder im Teenager-Alter zu versorgen und befinde mich noch in der Scheidung. – Beatrice H.

Nr. 217 – 19. September 2022

Meine Frau und ich werden durch die Impfpflicht in die Arbeitslosigkeit gezwungen. Was das für uns und unsere Kinder bedeutet, muss ich nicht weiter ausführen. – Oliver D.

Nr. 216 – 18. September 2022

Ich arbeite als Heilerziehungspflegerin in einer privaten Inklusionsschule. Mit der Impfpflicht für meine Berufsgruppe verliere ich als Hauptverdienerin meiner vierköpfigen Familie meinen Arbeitsplatz. Einen Arbeitsplatz, den ich sehr liebe, weil ich die Arbeit mit Kindern und Jugendlichen so unglaublich wichtig und erfüllend finde: Sie sind die Zukunft, sie müssen gestärkt werden. Durch Jugendliche, die Inklusion und Demokratie leben dürfen, hat unsere Gesellschaft echte Chancen, sich zum Besseren zu wandeln! Mit der Impfpflicht wird unseren Kindern und Jugendlichen gezeigt, dass wir keine freien Entscheidungen über uns und unseren Körper treffen dürfen, ohne dafür bestraft zu werden. – Anonym

Kommentare auf Twitter zu Nr. 216

@atwoda – 19. Sep.
Antwort an @individ_impfen @Karl_Lauterbach und @MarcoBuschmann
 Es ist an der Zeit, die einrichtungsbezogene Impfpflicht zurückzunehmen. Wir wissen es heute besser!
Stattdessen: #impfenohnepflicht

@casitier – 19. Sep.
Antwort an @atwoda @individ_impfen und 2 weitere Personen
Sie hätte niemals entschieden werden dürfen!!!

Nr. 215 – 17. September 2022

Ich bin Psychologin aus Leidenschaft. Ich liebe meinen Beruf und ich habe viel Zeit und Geld investiert, um das zu machen, was ich gut kann, und zwar Menschen helfen! Und dennoch bin nicht bereit eine experimentelle Impfung zu nehmen nur damit ich das tun kann, was ich liebe. Wenn die Impfpflicht eingeführt werden sollte, bin ich bereit alles aufzugeben. Obwohl ich glaube, dass Menschen therapeutisch zu helfen meine Berufung ist, kann ich diese Impfung nicht nehmen. Die Langzeitwirkungen sind nicht bekannt. Ich habe mich bereits einmal mit Corona infiziert. Mein Immunsystem hat es ohne jegliche Medikamente hin gekriegt, dass ich nach ein paar Tagen wieder gesund war. Ich möchte mich nicht impfen lassen, weil ich keinerlei Zweifel habe, dass mein Körper gesund genug ist, mit Corona fertig zu werden. – Melanie T.

Nr. 214 – 16. September 2022

Ich habe viele Jahre von Hartz 4 plus Nebenjobs gelebt. In diesem Jahr ist es mir gelungen, endlich die Zertifizierung zur Betreuungskraft zu machen und ich habe seit August letzten Jahres eine Anstellung in diesem Beruf. Mein Arbeitgeber hat mir nun mitgeteilt, dass ich geimpft sein muss. Andernfalls werden sie mich nicht weiter beschäftigen. – Janina R.

Nr. 213 – 15. September 2022

Diese Impfpflicht macht mir Angst: Ich hatte bereits Covid-19, wie wird mein Körper mit dieser Art der Impfung zurechtkommen? Da ich an einer Autoimmunerkrankung meiner Augen leide, ist meine Angst zu erblinden sehr präsent. Wenn ich mich aber nicht impfen lasse, darf ich meinen Beruf nicht mehr ausüben und muss die Praxis schließen. Was dann?! – Anonym

Nr. 212 – 14. September 2022

Seit vier Jahren arbeite ich in einer Altenpflegeeinrichtung im Hauswirtschaftsbereich. Es ist wichtig für alte Leute eine Konstante zu haben, da eh schon sehr vieles im Alltag verwirrend ist. Ein ständiger Wechsel von Personal würde sich meines Erachtens nicht positiv auf den Geisteszustand auswirken. Durch die ganze Coronasituation mit vielen Beschränkungen und viel weniger Besuchern haben sich die Leute schon sehr zurückgezogen. Es ist traurig das mit anzusehen. Ich werde mich jetzt nach einer neuen

Arbeitsstelle umsehen, da ich mich nicht impfen lassen möchte. Ich habe alle Einrichtungsbewohner sehr ins Herz geschlossen und werde sie sehr vermissen. Aber ich finde die Impfpflicht ist ein Eingriff in meine Gesundheit. – Manuela R.

Nr. 211 – 13. September 2022

Ich bin Ergotherapeutin in einem Akutkrankenhaus. Zurzeit bin ich krankgeschrieben. Im März letzten Jahres wurde ich mit dem Impfstoff von AstraZeneca geimpft. Kurz danach habe ich das Guillain-Barre-Syndrom mit Tetrasymptomatik entwickelt. GBS wird bei mir nicht als Impfnebenwirkung anerkannt. Somit habe ich keine Impfbefreiung. Aufgrund meines Impfstatus weigert sich die Rehaeinrichtung mich aufzunehmen. Ich werde auch noch meinen Job verlieren und werde arbeitslos. Ich fühle mich ausgeliefert und machtlos. – Rasa G.

Kommentare auf Twitter zu Nr. 211

@tatjanabeyer – 13. Sep.
Antwort an @individ_impfen und @Impf_Info
Es tut mir sehr leid für sie, und die vielen, denen es ähnlich geht. Es läuft hier verdammt falsch!

@_Mirosu_ – 13. Sep.
Antwort an @individ_impfen
Man ist einfach nur noch fassungslos. 🙈 Ich hoffe dir geht es wieder besser. Ich kenne zwei andere Fälle, die es nach der Impfung auch damit erwischt hat. Schrecklich.

@Sarifaninja – 14. Sep.
Antwort an @individ_impfen
Sprachlos :(

@OBundWIE – 14. Sep.
Antwort an @individ_impfen
😢

@Cori4Na – 14. Sep.
Antwort an @individ_impfen
Das ist alles nicht zu glauben 🙈 nimm dir unbedingt einen Rechtsbeistand! Es geht um deine Existenz! Alles Gute für die Zukunft, Kopf hoch und kämpfe!

@tessamartin863 – 14. Sep.

Antwort an @individ_impfen

Das ist wirklich das allerletzte, was in diesem Land abgeht! Es tut mir sehr leid für Sie und ich hoffe, dass Sie eine Lösung finden!

Nr. 210 – 12. September 2022

Ich bin zahnmedizinische Fachangestellte. Vier Freundinnen von mir hatten nach der Impfung schlimme Zyklusstörungen. Ich bin momentan in der Kinderplanung, wo ich mich eh nicht spritzen lassen würde. Dann lasse ich mich lieber kündigen. – Maria F.

Nr. 209 – 11. September 2022

Ich bin 30 Jahre alt und arbeite als Erzieherin in einer integrativen Kindertagesstätte. Diesen Job mache ich seit 4 Jahren sehr gerne. Auch meine Kenntnisse aus meiner vorherigen Arbeit als Logopädin kann ich dort sehr gut einfließen lassen. Leider ist es mir ab 15. März nicht mehr erlaubt diesen Job weiterhin auszuüben, weil ich mich als junger, gesunder Mensch gegen eine COVID Impfung entschieden habe und von meinem Recht auf körperliche Unversehrtheit Gebrauch machen möchte. Somit werde ich meinem AG keinen Zettel vorlegen können, der es mir in irgendeiner Weise erlaubt, weiterhin meiner Tätigkeit nachzugehen. Diese Situation ist sehr belastend und löst in mir Sorgen und Ängste aus. Ich bin gesund, arbeitsfähig, selbstverantwortlich und werde bald arbeitslos sein – nicht, weil ich es sein müsste, sondern weil es die Politik so vorschreibt. – Johanna L.

Nr. 208 – 10. September 2022

Ich bin Fachärztin für Psychiatrie und Psychotherapie und war in den vergangenen Jahren als Vertretungsärztin in verschiedenen Einrichtungen (Akutpsychiatrie, Psychosomatik und Rehabilitationskliniken) tätig. Mein jüngster Vertrag lief im Dezember aus. Nun finde ich keine Anstellung, da als Einstellungensvoraussetzung u.a. ein Impfnachweis für Covid-19 verlangt wird. Jetzt lebe ich von meinen Ersparnissen und hoffe auf eine Beschäftigungsmöglichkeit im Ausland. – Dr. T. Frank

Nr. 207 – 9. September 2022

Ich arbeite seit fast 25 Jahren in einer Einrichtung für Menschen mit Schwerst-mehrfach-Behinderung. Seit April 2021 werde ich täglich von Kollegen bedrängt, mich endlich impfen zu lassen. Anfangs habe ich noch versucht, meinen Standpunkt zu erklären, was jedoch, egal was ich sagte, keine Gültigkeit hatte. Im Gegenteil, ich wurde als dumm, verschwurbelt, esoterisch und so weiter verspottet. Im weiteren Verlauf wurden die Anschuldigungen immer krasser und ich fühlte mich zunehmend ausgegrenzt. Auch hatte ich täglich einen Test zu machen, den eben diese Kollegen durchfürten, die mich offenbar zunehmend hassten. Der zunehmende Druck belastete mein Nervenkostüm und ich wurde krank. Am 10.01.21 telefonierte ich mit meinem Vorgesetzten, der mir dann mitteilte, daß er ein Schreiben der Geschäftsleitung an mich weiterleiten werde, indem es um die impflicht für Pflegepersonal gehen würde. Sollte ich mich nicht bis zum 02.02.2022 erstimpfen lassen, müsse ich mit einer entgeltlosen Freistellung rechnen.

– Anonym

Nr. 206 – 8. September 2022

Ich möchte Ihnen berichten, dass ich als Psychologin in der Psychiatrie tätig bin. Dort mache ich meine Ausbildung zur Psychologischen Psychotherapeutin. Ergänzend mache ich in einer psychotherapeutischen Praxis meine ambulanten Fälle. Ich muss meine Ausbildung und damit meine ganze Zukunftsplanung aufgeben, wenn ich mich nicht impfen lasse.– Dorothee B.

Nr. 205 – 7. September 2022

Viele Jahre erfreue ich mich nun bester Gesundheit. Das war nicht immer so. Seit meiner Jugend leide ich unter verschiedenen Autoimmunerkrankungen. Dank einer gesunden Lebensweise und viel Unterstützung durch verschiedene schul- und alternativmedizinische Angebote habe ich sehr viel Lebensqualität zurückgewonnen. Ich konnte mir im Alter von 42 Jahren sogar den Traum erfüllen von einem Studium, dass ich krankheitsbedingt bis dahin nicht absolvieren konnte. Seit 5 Jahren arbeite ich nun in meinem Beruf. Meine Tätigkeit bereitet mir viel Freude und mit ihr bestreite ich meinen Lebensunterhalt. Jetzt ist diese Lebensgrundlage gefährdet. Meine größte Angst ist, dass mein Körper durch die

Impfungen geschädigt wird und ich nicht mehr beruflich tätig sein kann. Ich arbeite gerne mit Menschen, aber wenn ich selbst nicht mehr gesund bin, kann ich anderen nicht mehr helfen. Um mir selbst Hilfe zu holen, war ich bei verschiedenen Ärzten. Auch bei meiner Hausärztin. Leider bekomme ich kein Attest, weil meine Krankheiten im IfSG nicht als Kontraindikationen bei einer Impfung aufgelistet sind. Wenn ich mir das Infektionsschutzgesetz durchlese, dann bekomme ich noch mehr Angst. Am schlimmsten finde ich die Sprache, in der es verfasst ist. Den Verlust unserer Grundrechte und die gesamte derzeitige politische Entwicklung finde ich furchtbar und beängstigend. Deshalb hoffe ich inständig, das die Bürger dieses Landes endlich ihren gesunden Menschenverstand einschalten und die Politiker ihre Entscheidungen im Sinne und für das Wohl aller Menschen in diesem Land treffen. – Ines M.

Nr. 204 – 6. September 2022
Ich schreibe Ihnen als Sohn meiner Mutter, die nach 24 Jahren in ein- und derselben Zahnarztpraxis, die sie zusammen mit dem damaligen Betreiber eröffnet hatte, gekündigt wurde. Offizieller Grund sind „unüberbrückbare Differenzen",

jedoch ist die Wahrheit, dass sie nach durchgestandener Corona- Erkrankung mit mildem Verlauf (wie leichte Grippe) vor ziemlich genau 2 Jahren zunehmend von den anderen Kolleginnen ausgegrenzt und isoliert wurde. Mit dem Auslaufen Ihres Status als Genesene und der wiederholten Erklärung innerhalb des Praxis, sie wolle sich vorläufig mit diesen Impfstoffen nicht impfen lassen, hat das Mobbing Ihr gegenüber (durch das ansonsten vollständig geimpfte Praxispersonal inkl. betreibendem Arzt) extrem zugenommen. Neben der psychischen Belastung mit Auswirkungen auf Ihre Gesundheit wurde sie letztlich nun vom aktuellen Betreiber gekündigt. Mit demnächst 61 Jahren wird es also nicht nur ohnehin schwer, eine neue Anstellung zu finden, sondern sie kann sich nicht einmal rechtlich gegen diese Behandlung wehren. Die eingereichte Klage gegen die Kündigung hätte zwar (wegen Kleinbetrieb) trotz fehlenden Kündigungsschutzes Aussichten auf Erfolg - allerdings nur dann, wenn sie im Erfolgsfall auch wieder zur Arbeit gehen und den Betreiber „unter Druck" setzen kann. Dies wird aber zum Einen durch Ihren mentalen Zustand, zum anderen aber noch viel mehr durch die einrichtungsbezogene Impfpflicht und das

Beschäftigungsverbot verhindert werden. Meine Mutter hat sich also Ihr Leben lang in dem Beruf-den sie wirklich liebt – den A... aufgerissen und wird nun – in Folge des durch die Politik ausge-lösten gesellschaftlichen Drucks – gemobbt, ausgrenzt, entsorgt und fallen gelassen. Anstatt in 2-3 Jahren per Spalier und auf rotem Teppich von all den Patienten, denen sie durch ihre Art die Angst genommen und den Spass zum Zahnarzt zu gehen vermittelt hat, in die Rente verabschiedet zu werden, wird sie auf diese Weise aus dem Beruf geschmissen und mit Füßen getreten. Ohne Chance auf Gegenreaktion.– Anonym

Kommentare auf Twitter zu Nr. 204

@EthikallyDr – 6. Sep.
Antwort an @individ_impfen und @Impf_Info
Das ist so traurig, gemein, ätzend und unwür-dig.
Alles Liebe für die Mutter. Ich hoffe, Sie findet für sich einen Trost, Platz, wo sie sein kann.

@The_Avenger178 – 7. Sep.
Antwort an @individ_impfen
Unfassbar wirklich.

@MaxKa12 – 6. Sep.
Antwort an @individ_impfen und @Impf_Info
Unbedingt wehren! Auch wenn es noch so viel Kraft kostet. So etwas darf nicht unkommentiert und ungeahndet geschehen. Viel Kraft

Nr. 203 – 5. September 2022

Ich bin Physiotherapeutin und Mutter von zwei kleinen Töchtern. Ich arbeite seit 10 Jahren in den München Kliniken auf einer Station für geriatrische Frührehabilitation. Mein Mann ist ebenfalls Physiotherapeut in einer Praxis für Atemphysiotherapie. Mein Mann und ich waren im Frühjahr 2020 an Corona erkrankt, ich litt wegen Post-Covid 6 Monate an einer Trigeminusneuralgie. Wir haben nun mittlerweile zum 2. Mal mittels Lymphozytentransformations-Test unsere spezifischen Gedächtniszellen bestimmen lassen

(Labor IMD), mit dem Ergebnis, dass unsere Immunität auch fast 2 Jahre danach einen sehr hohen Schutz aufweist. Auch aufgrunddessen sahen und sehen wir nach wie vor keinen Grund uns gegen Corona impfen zu lassen. Nun verlieren wir beide durch das neue Gesetz unsere Lebensgrundlage, was dem letzten Jahr der Ausgrenzung und Diskriminierung noch die Krone aufsetzt. Dennoch wollen wir uns, zumindest solange wir den finanziellen Konsequenzen noch standhalten können, nicht impfen lassen. Als einzige Mitarbeiterin in meinem Unternehmen kann ich meine Immunität nachweisen und diese gängige Praxis (bei Masern ebenfalls anerkannt) findet hier nun keine Bedeutung. Es macht uns sprachlos, wie hilflos man der Willkür der Politik ausgesetzt ist. – Elisabeth H.

Nr. 202 – 4. September 2022

Eine Impfpflicht lässt sich mit meinem Behandlungsansatz der Salutogenese absolut nicht vereinbaren. Ich habe eine andere Sichtweise zu Erhaltung von Gesundheit. Meine sehr erfolgreich laufende Praxis, die ich seit fast 14 Jahren führe, muss ich leider ab dem 16.3. schließen, was meinen Patienten hart ankommt und mir sehr schwer fällt, denn ich liebe meine Arbeit, es ist meine Berufung. Mein Schwerpunkt liegt in der Darmsanierung, also der Stärkung der Immunabwehr. In den letzten zwei Jahren habe ich selbst keinen positiven Test gehabt, war also zu keiner Zeit eine Gefahr für meine Kontaktpersonen und werde nun als unsolidarisch und egoistisch beschimpft, weil ich den sog. "Impfstoffen" kritisch gegenüber stehe und meinen Körper damit nicht schaden möchte. Ich kann absolut nicht nachvollziehen, warum ich jetzt, wo das Virus sich abschwächt nicht mehr arbeiten darf und mich impfen lassen soll. Warum? Die größten Wellen sind überwunden und ich bin gesund! Meine Existenz steht auf dem Spiel und die Politik nimmt das einfach in Kauf. Fühle mich sehr diskriminiert. Ich habe mir nichts vorzuwerfen, habe alles, was möglich ist getan, was von der Regierung verlangt wurde, habe zwei Jahre lang auch mit der intensiver Versorgung meiner Patienten Pandemie-Bekämpfung betrieben, durch Stärkung der Abwehrkräfte uvm und werde nun dafür bestraft?! Wo bleibt da die Gerechtigkeit und Solidarität in unserem Land? – Sabine H.

Nr. 201 – 3. September 2022

Ich bin von Beruf Krankenschwester und Logopädin (im klinischen neurologischen Bereich). Ich darf als Ungeimpfte (mit Genesenenstatus) nicht mehr in meinen Berufen arbeiten. Und das trotz des herrschenden Personalmangels in den Kliniken! Ich habe kurz vor der Pandemie meine Stelle als Logopädin in einer Klinik gekündigt und studiere seitdem, würde aber irgendwann gerne wieder in einem meiner Berufe arbeiten wollen.
– Elke R.

Nr. 200-101

Nr. 200 – 2. September 2022
Ich als Altenpflegerin war seit 2 Jahren regelmäßig mit infizierten Menschen (Bewohner als auch Kollegen) in engem Kontakt. Ich selbst blieb von einer Infektion verschont. Nun droht die Impfpflicht, was für mich als Ungeimpfte entweder die Beugung vor dem Gesetz oder die um Orientierung bedeutet. Mein Arbeitgeber macht Druck und nennt täglich die baldigen Konsequenzen.
– Anonym

Nr. 199 – 1. September 2022
Ich arbeite seit 2007 als Krankenschwester. 2019 habe ich eine lebensbedrohliche Anaphylaxie erlitten. Des Weiteren bestehen diverse Allergien gegen Arzneistoffe, wie z.B. Penicillin. Auch auf eine Grippe-Impfung habe ich vor Jahren allergisch reagiert. Mir ist das Risiko zu groß, dass sich bei einer Covid-Impfung etwas Ähnliches ereignet. Ich möchte diese Spritze nicht, aber meinen geliebten Beruf will ich auch nicht aufgeben.
– Julia Boecker

Nr. 198 – 31. August 2022

Ich bin angestellte Fachzahnärztin für Oralchirurgie und bin schon früh an Covid erkrankt. Das habe ich problemlos überstanden. Ich verstehe nicht, wieso man nur auf diese schnell entwickelte Impfung setzt und das natürliche Immunsystem mit Füßen tritt. – Jacqueline G.

Kommentare auf Twitter zu Nr. 198

> @ClaudiaKraus8 – 1. Sep.
> Antwort an @individ_impfen
> Das sehe ich ebenso

> @texturbuero – 1. Sep.
> Antwort an @individ_impfen
> Weil das natürliche Immunsystem nicht profitabel ist. Ganz einfach. Und dieses "Gesundheitssystem" sich nicht mit Vorbeugen statt Heilen beschäftigt, auch aus Profitgründen.

Nr. 197 – 30. August 2022

Ich bin von Beruf Ergotherapeutin und Tagesmutter und übe das Ganze mit viel Liebe und

Engagement für die Kinder aus. Sollte aber auch in diesem Bereich eine Impfpflicht kommen, werde ich schweren Herzens damit aufhören.
– Sarah A.

Nr. 196 – 29. August 2022

Das Gesetz zur Corona-Impfpflicht wird zur Schließung meiner Naturheilpraxis führen. Ich bin Heilpraktikerin aus Leidenschaft, aber nicht für den Preis einer unsicheren Impfung im Abo-Modus. – Anonym

Nr. 195 – 28. August 2022

Ich bin im November 2021 in die Schweiz gegangen, um dort bis Juli meine Masterarbeit zu schreiben. Danach war eine Lehrtätigkeit im Bereich Hebammenwissenschaft an einer Fachhochschule in Deutschland in Planung. Ob, wann und gegen was ich eine Impfung nehme, entscheide immernoch ich selbst – auf Basis wissenschaftlicher Erkenntnisse. Anders als Herr Lauterbach behauptet, ist die Ablehnung einer Coronaimpfung nicht damit begründet, dass man "nicht an Impfungen glaubt". Auch vertrete ich sehr wohl das medizinische System, in und mit dem ich arbeite. Führe ich allerdings die so hoch gepriesene Nutzen-Risiko-Abwägung durch und sehe diese im Verhältnis zur gesellschaftlichen Lage und unserem Grundgesetz, so kann ich eine Verpflichtung zur Impfung unter den aktuellen Gegebenheiten nicht nachvollziehen. Für mich bedeutet dies, dass ich wohl zunächst nicht nach Deutschland zurückkehren werde, sondern als Hebamme oder in der Hochschullehre in der Schweiz arbeiten werde, da hier mein Recht auf Selbstbestimmung sehr viel mehr geachtet wird. Übrigens freut sich das schweizer Gesundheitssystem sicher über eine einrichtungsbezogene Impfpflicht in Deutschland – auf diesem Wege bekommen sie noch mehr deutsches Gesundheitspersonal. – Johanna H.

Nr. 194 – 27. August 2022

Ich befinde mich zurzeit in Elternzeit in einem nicht zu meinem Studium passenden Job als Fremdsprachenassistentin den ich nach dem Studium als mögliche Option zum Geldverdienen angenommen habe. Nach meiner Elternzeit wollte ich eigentlich sie Chance nutzen und mich wieder im sozialen Bereich als Kunsttherapeutin oder im Altenheim bewerben. Allerdings kann ich diesen Plan nun nicht verfolgen, da die

140

Unsicherheit in diesem Bereich immer wieder mit strikteren Auflagen bis hin zur Impfpflicht konfrontiert zu werden für mich keine Option sind und ich bereit bin die Konsequenzen zu tragen um für mein Recht auf körperliche Unversehrtheit einzutreten. Es ist betrübsam nun bei der Jobwahl nicht in meinen bevorzugten Sektor gehen zu können. – Sylvia W.

Nr. 193 – 26. August 2022

Ich habe mein Staatsexamen in Physiotherapie 1988 gemacht. Das ist über 30 Jahre her und es ist immer noch mein Traumberuf. Mein damaliger Professor sagte mir: mit diesem Beruf wirst du nie arbeitslos werden. Und damit hatte er Recht. Bis jetzt... Ich lehne die, für mich inakzeptable, Impfpflicht ab. Aus gesundheitlichen Gründen und auch weil ich die Erkrankung Covid 19 durchgemacht habe und, so habe ich es vor über 30 Jahren im Infektionslehre Unterricht gelernt, jetzt immun bin. Gelten medizinische Grundlagen heute nicht mehr? Meinen Patienten ist es egal, ob ich geimpft bin oder nicht. Sie wissen, dass sie bei mir gut und sicher betreut werden. Dazu gibt es ja auch die Tests. Ich werde mich nicht impfen lassen und dennoch weiter arbeiten, bis das

Gesundheitsamt mich aus der Praxis zieht. Dazu müssen sie aber persönlich kommen. Ich hoffe das Beste für uns alle aus dem Gesundheitswesen, die auf eine Impfung verzichten und ihren geliebten Beruf deshalb vielleicht bald nicht mehr ausüben können. – Beate E.

Nr. 192 – 25. August 2022

Ich bin selbständige Heilpraktikerin, spezialisiert in Akupunktur, und arbeite in Teilzeit in einer HP-Praxis. Ich liebe meinen Beruf. Ich bin weder Impfgegnerin noch rechts radikalisiert. Ich denke schon quer, weil ich diese Impfpflicht für die Pflege-Berufe und die allgemeine Impfpflicht nicht nachvollziehen und akzeptieren kann. Ich werde, wenn es bis dahin keine Änderungen gibt, meine Tätigkeit bei dem Gesundheitsamt als ruhende Tätigkeit ab dem 15.03.2022 anmelden. Ich hoffe, dass die Patient*Innen mich verstehen werden und es tut mir sehr leid sie nicht weiter begleiten zu dürfen. Ich hoffe sehr, dass die Vernunft siegen wird. – Anne H.

Nr. 191 – 24. August 2022

Ich bin niedergelassene Kinder- und Jugendlichenpsychotherapeutin, 35 Jahre alt, stamme aus dem europäischen Ausland, mittlerweile deutsche Staatsbürgerin. Warum ich mich nicht impfen lassen möchte? Ich habe eine lange Krankengeschichte. Ich habe schlecht auf alle Impfungen reagiert, bin aber definitiv kein Impfgegner. Ich möchte, dass jeder seine eigene Entscheidung treffen darf. – Eszter L.

Nr. 190 – 23. August 2022

Die Impfpflicht im Gesundheitswesen bedeutet für mich das Berufsaus. Nach 17 Jahren in meinem Beruf als Zahnmedizinische Fachassistentin wird innerhalb eines Lidschlages beschlossen, dass es vorbei ist. Wenn es eine Impfung ohne mRNA wäre und eine Herdenimmunität erreicht werden könnte, wie z. B. bei Masern oder Röteln oder wenn erst nach 10 Jahren aufgefrischt werden müsste – okay, da würde ich mitgehen. Aber stimme ich dem jetzt zu, bin ich alle 3 Monate beim Arzt für den Piks und ich öffne Tür und Tor für weitere übergriffige Maßnahmen des Staates. – Anonym

Nr. 189 – 22. August 2022

Mit der Impfpflicht wäre es mir untersagt, meine Ausbildung als Medizinisch-Technischer

Radiologieassistent am Universitätsklinikum Essen fortzuführen. Ich werde also gegen meinen Willen gezwungen, mich impfen zu lassen, da ich sonst meine Ausbildung und somit meine Existenzgrundlage verliere. – Nick K.

Nr. 188 – 21. August 2022
Momentan bin ich im Mutterschutz, eine Rückkehr in den schönen Beruf der Gesundheits-und Krankenpflegerin kommt mit einer Impfpflicht für mich nicht infrage. – Clara K.

Nr. 187 – 20. August 2022
Ich (Zahnarzthelferin) habe mehr Angst vor der Politik als vor dem Virus. Ich werde dann wohl entlassen. – Anonym

Nr. 186 – 19. August 2022
Ich werde wohl meinen Job (Krankenschwester) verlieren. Wie ich dann meinen Lebensunterhalt weiter bestreiten werde, weiß ich nicht. Aber ich werde mich niemals zu einer Impfung zwingen lassen. Mein Körper, meine Entscheidung!
– Anonym

Nr. 185 – 18. August 2022

Ich bin Psychologin und absolviere zurzeit die Weiterbildung zur psychologischen Psychotherapeutin. Die Impfpflicht bedeutet für mich, dass ich nach knapp 3 Jahren Weiterbildung, davon anderthalb Jahre kaum Gehalt und Ausbeutung in einer Psychiatrie, 500 von 600 Theoriestunden, 115 Stunden Gruppenselbsterfahrung und 150 von 600 Einzelsitzungsstunden vor der Entscheidung stehe, mich impfen zu lassen oder die Weiterbildung abzubrechen und in dem Berufsfeld nicht mehr arbeiten zu können. – Anonym

Nr. 184 – 17. August 2022

Die Impfpflicht wird irrationalerweise und entgegen jeder menschlichen Vernunft durchgesetzt. Der Preis ist extrem hoch. Es wird vielleicht sogar unseren demokratischen Zusammenhalt kosten. – Helmut R.

Nr. 183 – 16. August 2022

Ich bin Krankenschwester und habe schon durch eine frühere Impfung eine Erkrankung bekommen. Das Risiko einer erneuten Impferkrankung ist nicht von der Hand zu weisen. Ich fühle mich genötigt. Zugleich sehe ich diverse Patienten mit schweren Ausfällen nach Impfung. Für mich stellt die Impfpflicht eine gesundheitliche Bedrohung dar. – Heike D.

Nr. 182 – 15. August 2022

Ich (57) arbeite seit vielen Jahren sehr engagiert im psychosozialen Dienst eines Perinatalzentrums. Jetzt wurde mir eine Kündigung ausgesprochen, falls ich keine gültigen Impfnachweise vorlege. Ich beschäftige mich seit vielen Jahren mit dem Thema Impfen, da ich einen schwer impfgeschädigten Sohn habe, den ich seit vielen Jahren alleine pflege und versorge. Ein Verfahren auf Anerkennung eines Impfschadens ist nach vielen Jahren abgelehnt worden, obwohl der zeitliche Zusammenhang (Auftreten schwerer neurologischer Symptomatik zwei Tage nach Impfung) unbestritten ist. Ich bin keine Impfgegnerin, aber mir ist es wichtig, dass jeder seine individuelle Entscheidung unter Abwägung von Nutzen und Risiko treffen kann, da jeder die Konsequenzen für seine Gesundheit selbst tragen muss. Der Jobverlust wird für mich kaum auszugleichen sein. Ich weiß nicht, wie es weitergehen soll. – Anonym

Kommentare auf Twitter zu Nr. 182

@exaohm – 16. Aug.

Antwort an @individ_impfen und @Elon49943563

Ein Fall für das Arbeitsgericht, ganz besonders wenn noch kein Betretungsverbot vom Gesundheitsamt ausgesprochen wurde - dann gilt der normale Kündigungsschutz.

@AnimalNatureLo2 – 16. Aug.

Antwort an @individ_impfen

Das tut mir schrecklich leid für Sir und macht mich gleichzeitig wieder unglaublich wütend und fassungslos. Haben Sie Rechtschutz? Ich denke, ohne dass offiziell eine Entscheidung vom Gesundheitsamt getroffen wurde, können die Ihnen doch nicht so einfach kündigen🤔

@AnimalNatureLo2 – 16. Aug.

Antwort an @AnimalNatureLo2 und @individ_impfen

Auf jeden Fall drücke ich Ihnen ganz fest die Daumen, dass Sie eine gute Lösung für sich finden 🙏🙏🙏

@der_alex12 – 16. Aug.

Antwort an @individ_impfen

Es ist immer wieder erschreckend, wenn man solche Geschichten hört. Man kommt aus dem Kopfschütteln gar nicht mehr heraus. Ich hoffe es findet sich eine Lösung für Sie und ich drücke die Daumen, dass dies funktioniert 🙏

@Le_loup_hurle – 16. Aug.

Antwort an @individ_impfen und @mathias_reuter

Alles erdenklich Gute für Sie!

@Rosenthalerin – 16. Aug.
Antwort an @individ_impfen und @Impf_Info
Ich drücke ihnen alle Daumen, dass Sie schnell was anderes finden. Wenn Ideologie wichtiger ist bei der jetzigen Arbeitsstelle, muss man es eskalieren lassen. Alles Gute!!🙅‍♀️

@FrauPanda_ – 16. Aug.
Antwort an @individ_impfen und @elduderino988
Beraten Sie sich mit einem Fachanwalt für Arbeitsrecht. Ich bin mir nicht sicher ob eine Kündigung rechtens ist, oder ob „nur" ein Betretungsverbot droht. Das Gesetz läuft zum 31.12. aus, falls es nicht verlängert wird.

@SabineHundert – 16. Aug.
Antwort an @individ_impfen
Ich drücken Ihnen die Daumen, dass Sie ganz schnell was neues finden. 🍀 Ein Unternehmen, das Menschen wie Sie zu schätzen weiß. Lassen Sie sich nicht unterkriegen. Alles Gute.

Nr. 181 – 14. August 2022

Vor 12 Jahren habe ich meine Ausbildung als Physiotherapeutin in Berlin abgeschlossen. Ich lebe nun nahe der Hauptstadt und wohne mit meinem (Schul-)Kind zusammen. Als die Pandemie begann im Frühjahr 2020, war ich die erste Mitarbeiterin, die die Maske aus eigenem Impuls aufsetzte. Damals wurde ich von Kollegen und einigen Patienten belächelt. Ich selbst habe beim Impfangebot gleich gemerkt, dass ich dem nicht zugeneigt bin. So wie ich vor Jahren wusste, dass ich mein Kind gesund daheim gebären kann oder eine bakterielle Mandelinfektion endlich ohne Antibiotikum ausheilen kann, so fühle ich, dass ich mich ohne Impfung in meiner kleinen Welt wohler fühle. Jetzt darf ich mir aufgrund der Impfpflicht eine neue Arbeitsstelle suchen. Es stehen mir nicht mehr alle Türen offen, aber mir reicht eine. – A. G.

Nr. 180 – 13. August 2022

Seit mehr als 15 Jahren bin ich in der neurologischen Frühreha als Sprachtherapeutin tätig. Einige Jahre habe ich auf Intensiv und IMC mit Menschen mit schwersten Schluckstörungen gearbeitet, die oftmals noch beatmet waren. Ich habe also durchaus eine Vorstellung davon, wie es den Menschen dort körperlich, geistig und auch seelisch geht. Dabei begegnen mir sowohl diejenigen, die an Covid erkrankt waren, als auch jene, die zeitnah nach einer Impfung einen Schlaganfall erlitten haben. Der Unterschied zwischen den beiden Gruppen besteht darin, dass Erstere unangefochten aufgrund ihrer Covid-Erkrankung in Behandlung sind, während nur bei einem Bruchteil der Letzteren die Impfung überhaupt als mögliche Ursache für den Schlaganfall in Betracht gezogen wird. Da ich es nicht für mich in Betracht ziehe, mich einer medizinischen Behandlung zu unterziehen, zu der in meinen Augen noch sehr viele Aspekte nicht ausreichend sicher geklärt sind, werde ich Mitte März des kommenden Jahres vor den Scherben meiner beruflichen Existenz stehen. – Anonym

Nr. 179 – 12. August 2022

Ich bin 54 Jahre alt und arbeite nun bereits im 31. Beruflichen Jahr in Folge als angestellte Ergotherapeutin in einer ergotherapeutischen Praxis in einer Kleinstadt zwischen Köln und Bonn. Der Schwerpunkt meiner Arbeit liegt auf der Therapie von Kindern und psychisch erkrankten

Menschen. Meine Kolleginnen und ich (als eine von zwei Ungeimpften im 12-köpfigen Team) haben die ganze Coronazeit ohne eine einzige Quarantäne überstanden – und das, obwohl ich persönlich auch mit sehr kleinen Kindern arbeite, die noch keine Hygiene-Etikette einhalten können und viele Familien aus einem nahegelegenen sozialen Brennpunkt betreue. Das zeigt doch, dass es auch ohne Impfung möglich ist, als Therapeutin zu arbeiten, wenn man sich an die entsprechenden Hygieneregeln hält. Bislang habe ich mich aber mit allen Unsäglich-keiten arrangieren können - da ich immer leidenschaftlich gerne in meinem Beruf gearbeitet habe. Für mich steht aber auch definitiv fest, dass ich mich nicht vom Staat zu einer Impfung zwingen lassen werde. – Anonym

Nr. 178 – 11. August 2022
Ich bin 43 Jahre alt und arbeite seit 24 Jahren in der Pflege. Ich liebe meinen Job und bin seit 4 Jahren Palliativfachkraft in der ambulanten Pflege. Ich bin sogar Teamleitung. Nun ist mir ganz klar gesagt worden von meiner PDL, dass ich dann ab März "raus" bin. Ich bin genesen und mein Immunsystem hat gute Arbeit geleistet und

kräftig Antikörper gebildet. Daher sehe ich keine Notwendigkeit für eine Injektion, die ihren Zweck nicht erfüllt. Noch vor sechs Wochen wurde ich für meine gute Arbeit gelobt und jetzt werden wir gemobbt, ausgeschlossen und der Existenz beraubt. – Anonym

Kommentar auf Twitter zu Nr. 178

@LeonaVanBaker – 11. Aug.
Antwort an @individ_impfen
Hier in Frankreich haben wir etliche solcher Geschichten, seit September 2021. Von einem auf den anderen Tag raus, keine Bezahlung, kein nachzuholender Urlaub/ Weiterbildung, kein Arbeitslosengeld und kein Hartz IV. EINE SCHANDE FÜR DIE PFLEGEKRÄFTE

Nr. 177 – 10. August 2022

Ich arbeite – im Moment noch – zu 50 Prozent in einer Vorsorgeeinrichtung für Eltern und nebenberuflich in eigener Praxis. Mit der Impflicht verliere ich die Festanstellung und werde mich in Folge stärker auf meine eigene Praxis konzentrieren. Wenn die dann auch von der Impflicht betroffen ist, kann ich mich nur noch auf die On-line-Arbeit konzentrieren. Ich fühle mich zunehmend der Ausübung meiner Berufung beraubt und existenziell gefährdet. – Ayla G.

Nr. 176 – 9. August 2022

Derzeit bereite ich mich auf die Prüfung zur Heilpraktikerin für Psychotherapie vor. Lange habe ich für diesen Entschluss gebraucht, bis ich den Mut, die Zeit und die Kraft hatte. Werde ich meinen Beruf jemals ausüben dürfen? Ich werde mich auf keinen Fall impfen lassen. Also bedeutet es das Aus, bevor ich beginnen kann? Lohnt sich die Mühe der Prüfungsvorbereitung noch? Werde ich überhaupt zur Prüfung zugelassen bzw. darf ich an der Prüfung teilnehmen? Ist das ein Berufsverbot für mich? Aus der Traum?
– Angret Hafemann-Arndt

Nr. 175 – 8. August 2022

Die Impfpflicht ab 16.03.2022 bedeutet für mich, dass ich offiziell weder als (Schul)Arzt noch als Arzt in Privatpraxis werde arbeiten dürfen. Unfassbar – immer noch befinden wir uns in einem Bevormundungsalbtraum von ungeahntem

Ausmaß aufgrund einer angstgeschürten Massenpsychose. – Michael K.

Nr. 174 – 7. August 2022
Ich bin seit 30 Jahren Heilpraktikerin für Babys, Kinder und Erwachsene (ca. 6000 Patienten). Meine Schwerpunkte sind Craniosacrale Osteopathie nach Geburten und mit schwerbehinderten Kindern, Traumaarbeit, systemische Familientherapie und Angehörigenbegleitung durch palliativ Care. Ich hatte mit 12 Jahren eine lebensbedrohliche Meningitis mit Herzmuskelentzündung. Ich hatte starke Einschränkungen mit dem Gleichgewicht und habe und hatte daraufhin eine posttraumatische Belastungsstörung. Aus Fürsorge für mich und meinen Körper möchte ich mich nicht impfen lassen, sondern kümmere mich gut um mein Immunsystem. Für mich bedeutet die Impfpflicht, dass ich meine Praxis mit 58 Jahren schließen werde. – Katrin R.

Nr. 173 – 6. August 2022
Ich bin Krankenschwester in der Intensiv-Anästhesie-Abteilung und sehe mich gezwungen, meinem Beruf den Rücken zu kehren. Ich habe 2009/2010 nach der Schweinegrippe-Impfung

im 8. Monat mein Kind verloren und beerdigt. Ich leide bis heute an den Folgen. – Ines K.

Kommentar auf Twitter zu Nr. 173

> @HilleMichaela – 6. Aug.
> Antwort an @individ_impfen
> Sehr traurig ist das!

Nr. 172 – 5. August 2022

Freiheit ist auch die Freiheit des Andersdenkenden, dafür sind wir ehemaligen Bürger der DDR auf die Straße gegangen. Wer hätte gedacht, dass wir uns fast schon wieder in Richtung Unfreiheit bewegen? Ich habe mir mit 50 Jahren eine Umschulung zu diesem Berufszweig (Pflege) zugetraut. Ich habe gedacht, mit diesem Beruf kann ja gar nichts mehr anbrennen, das machst du bis zur Rente. Dem ist zumindest bis zu diesem Zeitpunkt nicht so. – Steffen H.

Nr. 171 – 4. August 2022

Für mich bedeutet die Impfflicht in erster Linie einen absolute Ignoranz des normalen wissenschaftlichen Diskurses, der Einschränkung und

Aushebelung unserer Grundrechte. Persönlich bin ich vom Verlust des Arbeitsplatzes bedroht.
– Silvio G.

Nr. 170 – 3. August 2022

Ich bin psychologische Psychotherapeutin, promoviert, habe selbst über 15 Jahre an einem Universitätsklinikum in verschiedenen Sektoren, auch in der klinischen Forschung gearbeitet. Aktuell bin ich selbstständig in eigener Praxis und als Supervisorin. Es widerspricht nach derzeitigem Stand der Forschung und vor dem Hintergrund des aktuellen sozialen Klimas grundlegenden psychologischen und wissenschaftlichen Prinzipien, eine Impfpflicht einzuführen.
– Maria R.

Nr. 169 – 2. August 2022

Für mich bedeutet die Impfpflicht, dass ich meinen Job als Pflegefachkraft verlassen und mich umorientieren werden. Ich bin in diesen zwei Jahren immer da gewesen für meine Patienten und meinen Arbeitgeber. War dieses Jahr noch keinen einzigen Tag krank und habe niemanden angesteckt mit COVID, ich bin weder genesen, noch geimpft. Ich werde mich nicht zwingen lassen, einen Impfstoff mit einer bedingter Zulassung gespritzt zu bekommen. – Anonym

Nr. 168 – 1. August 2022

Ich bin Informatikerin und Homöopathin. Ich stecke mitten in der Heilpraktiker-Ausbildung, die mir noch fehlt, um meinen Traum zu verwirklichen: als klassische Homöopathin arbeiten zu können und damit Menschen zu einer besseren Gesundheit verhelfen zu können. Die Impfpflicht bedeutet für mich, dass dieser Traum geplatzt ist. Dass ich nicht in Deutschland praktizieren werde. Und dass ich in Zukunft in einem Land leben und arbeiten werde, in dem es keine Impfpflicht für medizinisches Personal gibt. Und in dem die Grundrechte aller Menschen geachtet und respektiert werden. So es das dann noch gibt. – Birgit H.

Nr. 167 – 31. Juli 2022

Ich bin alleinerziehende Mutter von zwei Kindern. Wir sind alle mit den gängigen Impfstoffen geimpft. Ich möchte die Covid-Impfung nicht, weil ich die möglichen Folgen der Nebenwirkungen für größer erachte als die Schutzwirkung. Ich werde nicht mehr meinen Job an der Rezeption einer großen Praxis für Physiotherapie ausüben können, obwohl ich nicht direkt am Patienten und hinter Glas mit Sprechschlitzen arbeite. Ich bin ratlos. Und bald arbeitslos. – Inga Z.

Nr. 166 – 30. Juli 2022

Ich arbeite als Quereinsteiger seit drei Jahren für Menschen mit Beeinträchtigungen und begleite sie in ihrem Alltag. Ich mache das sehr gerne. Es ist sehr erfüllend, ihre Fortschritte mitzuerleben. Vorher habe ich in der Werbebranche gearbeitet. Das war nicht erfüllend. Eher das komplette Gegenteil. Man könnte sagen, ich habe in der Pflege meine Berufung gefunden. Ich arbeite für die mir anvertrauten Menschen, nicht für meinen Arbeitgeber. Doch die schöne Zeit ist vorbei. Ich werde sehr wahrscheinlich gekündigt. So schützt man kein Gesundheitssystem vor der Überlastung.
– Anonym

Nr. 165 – 29. Juli 2022

Ich bin Zahnarzthelferin seit über 25 Jahren! Ich mache meinen Job sehr gerne. Ich werde mich nicht zwingen lassen zu dieser Impfung und auch nicht zur Masernimpfung. Dann werde ich eben etwas anderes machen müssen. – Anonym

Nr. 164 – 28. Juli 2022

Die Impfpflicht bedroht meine berufliche Existenz (Psychologische Psychotherapeutin) inklusive Zulassungsentzug. – Anonym

Nr. 163 – 27. Juli 2022

Ich bin 54 Jahre alt und seit 25 Jahren Physiotherapeutin im Angestelltenverhältnis. 2020 habe ich meine Ausbildung bei der DGOM als Osteopathin abgeschlossen und ebenfalls eine Heilpraktikererlaubnis. Durch die Impfpflicht werde ich in beiden Praxen nicht mehr arbeiten dürfen. Für mich ist das ein Impfzwang, dem ich nicht nachkommen werde. Ich habe ein Recht auf körperliche Unversehrtheit. – Edda Petersen

Nr. 162 – 26. Juli 2022

Ich (59) mache mir große Sorgen wegen der Impfpflicht, da ich (Pflegekraft) nicht geimpft werden möchte, ich bin genesen. – Sonja Thiede

Nr. 161 – 25. Juli 2022

Ich bin Hebamme und arbeite freiberuflich sowohl in einer Klinik, als auch außerklinisch. Ich möchte mich nicht impfen lassen, weil ich mich in Behandlung wegen unseres bisher noch unerfüllten Kinderwunsches befinde und nicht absehbar ist, wie sich eine Impfung auf die Therapie bzw. meine Fruchtbarkeit auswirken würde. Durch diese Impfpflicht wird sich der bereits bestehende Hebammen- und Pflegemangel mit Sicherheit noch weiter zuspitzen. – Anonym

Nr. 160 – 24. Juli 2022

Ich bin niedergelassene Kinder- und Jugendlichen-Psychotherapeutin, 35 Jahre alt, stamme aus dem europäischen Ausland, lebe seit 7 Jahren in Deutschland, habe mittlerweile auch die deutsche Staatbürgerschaft. Ich habe im März 2020 erstmalig eine gut verlaufene Corona-Infektion gehabt, im Februar 2021 das zweite Mal. Trotz hoher Antikörper-Titer empfiehlt das Gesundheitsamt eine Impfung. Ich habe als Kind die in meinem Heimatland vorgeschriebenen Impfung sehr schlecht vertragen. Inzwischen habe ich eine Autoimmunerkrankung. Und ich fürchte, dass diese sich durch eine Covid-Impfung weiter verschlechtern könnte. Ich unterstütze als Therapeutin meine Patient:innen, ihre eigene Entscheidungen zu treffen. Ich finde das eigene Sicherheitserleben in den Pandemiezeiten sehr wichtig. Im Umkehrschluss möchte ich auch mit meinen Sorgen verstanden, gesehen und gehört werden. Ich möchte weiterhin alleine meine Entscheidungen über meinen Körper für mich treffen. – Anonym

Nr. 159 – 23. Juli 2022

Ich bin Medizinstudentin. Mir fehlt nur noch das "Praktische Jahr", das ich im nächsten Jahr anfangen möchte. Ich bin gerade in Elternzeit und habe mich gegen eine Impfung entschieden, weil ich einen Säugling stille, mir die Datenlage zu dünn ist und es sich immer noch um ein Medikament mit "bedingter Marktzulassung" handelt. Zum anderen habe ich mir die Studien genau angeschaut und bin zu dem Schluss gekommen, dass der Fremdschutz marginal ist und ich den Eigenschutz nicht brauche. Das Risiko eines schweren oder tödlichen Verlaufs im Falle einer Covid-19 Infektion ist für mich extrem gering. Gleichzeitig haben wir in der Familie einen gravierenden Impfschaden. Es ist mir sehr deutlich vor Augen, dass eine Impfung ein medizinischer Eingriff ist, bei dem Risiken und Nutzen gegeneinander abgewogen werden müssen. Da ich selbst unter einer Autoimmunerkrankung leide, möchte ich das Risiko einer Impfung gegen Co-vid-19 nicht eingehen, solange das nicht systematisch untersucht worden ist. Ich habe jetzt also die Wahl, ob ich entweder mein Studium abbreche und die Stunden und Jahre harter Arbeit umsonst waren und ich der Gesellschaft nach vielen Jahren Ausbildungen nun doch nicht als Ärztin zur Verfügung stehe, oder ob ich mich gegen Covid-19 impfen lasse, obwohl es keinen medizinischen Grund dafür gibt und die Risiken in meinem Einzelfall noch überhaupt nicht abschätzbar sind bzw. aktuell meiner Einschätzung nach nicht den Nutzen überwiegen. Ausgang ungewiss. – Anonym

Nr. 158 – 22. Juli 2022

Ich (47 J.) arbeite als Heilpraktiker/Osteopath und Physiotherapeut in eigener und einer Fremdpraxis. Im November 2021 hatte ich selber Corona. Die Auswirkungen waren nicht so toll, aber nach 14 Tagen war alles überstanden. Ich frage mich bei einer Impfpflicht, wie viele dieser Spritzen ich mir dann einverleiben muss. Stichwort immer kürzer werdende Impfzeiträume und immer wieder neue Varianten. Dass mein eigener Körper angeregt wird, für mich gefährliche Proteine in einer Menge zu produzieren, die man nicht kennt, finde ich beängstigend. Meiner Meinung nach ist die Nebenwirkungsrate wesentlich höher als offiziell dargestellt. Dadurch dass ich die Krankheit gut überstanden habe, sehe ich keinen Grund mir eine Impfung aufzwingen zu lassen, die nur begrenzt wirksam ist. – Anonym

Nr. 157 – 21. Juli 2022

Ich bin seit 2002 MFA, weitergebildet in Sachkunde Sterilgutversorgung gemäß MPBetrVo. Ich bin Betriebswirtin für Management im Gesundheitswesen seit 2009.Ich bin alleinerziehende Mama von 3 Kindern. Ich liebe meinen Beruf, ich gehe jeden Tag gerne in die Praxis (Pädiatrie), und für mich ist es eigentlich kein Beruf, sondern Berufung. Ich gehe täglich getestet zur Arbeit, und trotzdem soll ich eine größere Gefahr für meine Mitmenschen darstellen als meine geimpften Kolleginnen. Für mich ist dies nicht nachvollziehbar und daher werde ich meinen Beruf schweren Herzens aufgeben müssen. – Anonym

Nr. 156 – 20. Juli 2022

Aufgrund von mir bekannten schweren Impfschäden wie auch Todesfällen nach der Covid-

Impfung möchte ich (niedergelassene Psychotherapeutin) mich auf keinen Fall mit einer mRNA-Technologie impfen lassen. Die Aufgabe meines Berufes trotz massiver Unterversorgung von Patient:innen, insbesondere in meinen Schwerpunkten Behandlung schwer traumatisierter Patientinnen und Mediensucht, kann nicht im Sinne der Gesundheitsvorsorge sein.
– Anonym

Nr. 155 – 19. Juli 2022

Ich arbeite als Sozialarbeiterin im Betreuungsdienst eines Pflegeheimes. Ich habe zahlreiche Allergien und eine für mich sehr belastende Autoimmunerkrankung. Ich kann mir nicht vorstellen, dass es keinerlei negative Auswirkungen haben soll, in ein bereits derart gestörtes, überagierendes Immunsystem einzugreifen. – Anonym

Nr. 154 – 18. Juli 2022

Ich bin Osteopathin mit Leib und Seele und möchte das auch bleiben. Immer wieder höre ich: „Dann lass dich doch einfach impfen!" Meine Antwort: „Meine Gesundheit ist mir wichtiger!" Das, was ich täglich in meiner Praxis erlebe, und das, was mir die Medien vermitteln, geht so weit auseinander wie nur irgend möglich. – Anonym

Nr. 153 – 17. Juli 2022

Ich arbeite als MTAL in der Forschung und habe nicht im Geringsten etwas zu tun mit vulnerablen Gruppen. Ich bin fassungslos, dass ich mich mit einem in einem Jahr entwickelten Genpräparat impfen lassen soll, das nur einen kurzzeitigen Eigenschutz bietet, aber eine hohe, noch nie da gewesene Schädigung der Gesundheit verursachen kann. – Anonym

Nr. 152 – 16. Juli 2022

Für mich persönlich (freiberufliche Hebamme) macht diese Impfung nach einer individuellen Risiko-Nutzen-Abwägung keinerlei Sinn. Ich hatte nachgewiesen Antikörper und auch T-Zellen. Nur bringen mir diese Immunreaktionsnachweise nichts. Ich verstehe nicht, wie so etwas durchgehen kann. Bei anderen Viruserkrankungen (Masern, Röteln) gilt der Immunitätsnachweis.
– Anonym

Nr. 151 – 15. Juli 2022

Ich bin 56 Jahre alt, Krankenschwester und arbeite seit 27 Jahren in diesem Bereich und liebe meine Arbeit. Ich bin ungeimpft und möchte es auch bleiben. Ich hatte vor zwölf Jahren ein Burnout, vor sieben Jahren Brustkrebs und vor vier Jahren ein reaktiviertes Epstein-Barr-Virus. Finanziell kann ich es mir nicht leisten, mich nicht impfen zu lassen und gesundheitlich kann ich mir die Impfung nicht leisten. – Anonym

Kommentare auf Twitter zu Nr. 151

@mija_roe – 16. Juli
Antwort an @individ_impfen und @LabConny
Wir verlieren durch die Impfpflicht so viele erfahrene, mit großer Leidenschaft arbeitende Fachkräfte. Wie kann die Politik das verantworten???

@Bundeskanzler @FDP @spdde @hendrikstreeck

Nr. 150 – 14. Juli 2022

Ich bin Heilpädagogin, habe eine eigene Praxis, in der ich mit Kindern arbeite, und bin Krankenschwester in Elternzeit. Ich hatte Anfang des Jahres Corona, das heißt, bis Mai wäre ich nicht betroffen, danach kann ich mit der Impfpflicht keine Kinder mehr in meiner Praxis betreuen. Ich werde mich beruflich neu orientieren und die Praxis schließen. Vielen Kollegen geht es ähnlich.
– Rosina Lippacher

Nr. 149 – 13. Juli 2022

Ich bin seit 1998 Hebamme und liebe meinen Beruf. Nach der Geburt meiner eigenen drei Kinder habe ich ausschließlich selbständig Schwangere und Wöchnerinnen vor und nach der Geburt begleitet. Oftmals bin ich innerhalb des ganzen ersten Lebensjahres des Kindes bei Still- und Ernährungsschwierigkeiten Ansprechpartnerin für die von mir in der Schwangerschaft und im Wochenbett begleiteten Familien. Mit der Impfpflicht werde ich nicht weiterarbeiten. – Anonym

Nr. 148 – 12. Juli 2022

Die Impfpflicht betrifft mich in mehreren Bereichen. Zum einen bin ich als Kinderkrankenschwester tätig und darf diese Arbeit wohl nicht mehr ausführen. Außerdem wohnt unsere schwerst mehrfachbehinderte Tochter bei uns in der Wohnung und wird von Assistenten rund um die Uhr versorgt. Schon jetzt bekommen wir kaum neues Personal, so dass ich auf 450 Euro-Basis bei ihr mithelfe (wobei die zwei Tage regelmäßig nicht ausreichen). Auch in diesem Bereich gibt es die Impfpflicht. Wir haben von sechs Assistenten fünf Ungeimpfte. Also darf ich unsere Tochter nicht mehr versorgen, aber unentgeltlich dann den ganzen Monat, wenn die Assistenten nicht mehr kommen dürfen? Das ist doch alles so ein Irrsinn. – Sabine Reitze

Nr. 147 – 11. Juli 2022

Ich bin selbst Ärztin und habe meine Tätigkeit in der Anästhesie bereits im Juli 2021 wegen Nebenwirkungen gekündigt. Mit Beginn der

Impfungen im Januar haben Zyklusunregelmä-ßigkeiten begonnen. Mein Zyklus hat sich bis jetzt nicht normalisiert. Eine weitere Impfung kommt weder für meinen Mann noch für mich noch für unseren Sohn in Frage. Da ich Haupt-verdienerin bin bzw. war und unter diesen Um-ständen keine Möglichkeit mehr gesehen habe, weiter in Deutschland zu arbeiten, haben wir uns entschieden, das Land zu verlassen. Diese Ent-scheidung haben wir bis jetzt nicht bereut.
– Anonym

Nr. 146 – 10. Juli 2022

Ich arbeite seit 2003 in der Klinik Lahnhöhe in Vollzeit. Durch die Impfpflicht spaltet sich die Mit-arbeiterschaft nochmal mehr als sowieso schon durch die unvernünftige, unwissenschaftliche Vorgehensweise der Politik. Ich werde nicht wei-terarbeiten können in der Klinik. Ich verliere mei-nen Arbeitsplatz und die Klinik verliert eine enga-gierte und begabte Therapeutin. – Anonym

Nr. 145 – 09. Juli 2022

Ich bin Sozialpädagogin, Heilpraktikerin für Psy-chotherapie und Coach. Eine Impfpflicht bedeu-tet für mich, meinen Beruf in eigener Praxis nicht

mehr ausüben zu können – d.h. nicht mehr zur psychotherapeutischen Versorgung in Deutschland beitragen zu können, welche ja nachweislich gerade jetzt besonders gebraucht wird.
– Claudia Hirrle

Nr. 144 – 08. Juli 2022

Ich bin 33 Jahre alt und hatte nach einer Tetanusimpfung vor 7 Jahren, einen schweren Impfschaden – für die Mediziner unter uns eine schwere Myositis und eine Rhabptomyoloyse mit einer lebensbedrohlichen Creatin-Kinase von 14.000. Ich war kurz vor der Dyalyse entkommen, durch meine Zähigkeit, machte trotzdem meine Ausbildung (ich bin MFA) damals zu Ende und wurde gefeiert als Zweitbeste. Trotz langem Krankenhausaufenthalt und langjähriger Kortisoneinnahme. Ich liebe meinen Beruf als Medizinische Fachangestellte, den ich bei aufrechterhalten der Impfpflicht nie wieder auasüben darf. Die Patienten waren sehr mit mir zufrieden und ich brachte Sie durch mein Interesse an ihrem Leben und an Ihnen selbst mit meinen Witzen und dem Einfühlsvermögen selbst vor Eingriffen zum Lächeln. Und das war so schön zu sehen, wenn man da ist. Nicht weil man es muss, nicht wegen dem Geld, sondern aus Liebe zu den Mitmenschen. Weil man versteht, dass Sie gerade durch schwierige Zeiten gehen ... leider kann ich das Lächeln nicht wieder in ihrem Gesicht sehen ... – Sarah

Nr. 143 – 07. Juli 2022

Wegen der Impfpflicht gegen Covid-19 werde ich meine ärztliche Tätigkeit in einem mittelgroßen Krankenhaus niederlegen.
– Anna-Maria B.

Kommentare auf Twitter zu Nr. 143

> @Alraune1611 – 8. Juli
> Antwort an @individ_impfen
> Das ist schade, aber ich verstehe sie

> @Ursel08151 – 7. Juli
> Antwort an @individ_impfen
> Sehr bitter- aber absolut nachvollziehbar! Und dann?

@EwaGehring – 9. Juli

Antwort an @individ_impfen

Respekt 👍 Ich habe meine Arbeit jetzt auch gekündigt (Physiotherapeutin). Werde mein Leben genießen und sich meiner Familie widmen.

Personalmangel in allen medizinischen Bereichen wird durch die Impfpflicht verstärkt! Begreifen das die Menschen nicht ?

Nr. 142 – 06. Juli 2022

Ich (48) arbeite als freiberufliche Hebamme. Bislang war es in Ordnung, zu manchen Themen unterschiedlicher Meinung zu sein. Aber bei der Impfung ist es für die meisten Menschen nicht mehr tolerabel, wenn jemand sich eine eigene Vorgehensweise erlaubt, die vom politisch korrekten Weg abweicht. Meine Lebensfreude ist weitgehend dahin. Ich fühle mich ausgeliefert und kraftlos. – Anonym

Nr. 141 – 05. Juli 2022

Ein klares NEIN zur Impfpflicht, ein klares JA zur Demokratie. Wenn das alles so beschlossen bleibt, werde ich meinen Job als Altenpfleger quittieren. Ich werde mich dann als arbeitssuchend melden. Ich bin dann raus. – Anonym

Nr. 140 – 04. Juli 2022

Ich arbeite als Geschäftsführerin in einem ambulanten Pflegedienst. Zwei Drittel werden aufhören müssen, auch die Pflegedienstleitung, deren Nachfolgerin sich noch in der Weiterbildung befindet. Der Pflegedienst wird damit seine Zulassung verlieren. – Anonym

Nr. 139 – 03. Juli 2022

Ich habe letztes Jahr meine Ausbildung zum Ergotherapeuten begonnen. Durch die Impfpflicht werde ich meine Ausbildung nicht beenden können. Alle Ungeimpften wurden deswegen auch schon einzeln in das Büro des Schulleiters und des Geschäftsführers gerufen, um uns das mitzuteilen und schriftlich bestätigen zu lassen, dass wir diese Information zu Kenntnis genommen haben. – Anonym

Nr. 138 – 02. Juli 2022

Ich verlange eine freie Entscheidung über mich treffen zu können. Ansonsten muss der Staat eben auf meine Arbeitsleistung verzichten. Ich werde in meinem Beruf dann nicht mehr zur Verfügung stehen. – Anonym

Nr. 137 – 01. Juli 2022

Ich bin seit 42 Jahren Hebamme mit Leib und Seele! Ich bin 63 Jahre, verheiratet, habe drei Kinder und drei Enkel. Meinen Körper habe ich seit ca. 60 Jahren NIE wieder mit einer Impfung belastet und werde das auch nicht im Jahr 2022 tun. – Anja Hüwel

Nr. 136 – 30. Juni 2022

Ich bin selber seit 31 Jahren Krankenschwester und möchte mich mit den derzeitig zugelassenen Impfstoffen nicht impfen lassen und bin dadurch bedroht, meinen Job zu verlieren. – Sabine Karrasch

Nr. 135 – 29. Juni 2022

Als Physiotherapeutin im Angestelltenverhältnis, in Ausbildung zur Osteopathin und als alleinerziehende Dreifach-Mutter bewege ich mich wegen der Impfpflicht zwischen existentieller Sorge, Ratlosigkeit und Verzweiflung. – Anonym

Nr. 134 – 28. Juni 2022

Ich bin kassenzugelassener Psychotherapeut in Neukölln und jetzt unmittelbar von der Impfpflicht bedroht bzw. dem offenbar damit zusammenhängenden Berufsverbot. – Anonym

Nr. 133 – 27. Juni 2022

Ich bin Dentalhygienikerin und liebe meinen Beruf. Es war keine leichte Entscheidung, aber ich habe mich arbeitssuchend gemeldet. Ich kann die Impfpflicht nicht nachvollziehen.
– Nicole Frank

Nr. 132 – 26. Juni 2022

Meine Tochter ist in Ausbildung zur Pflegefachkraft im 3. Jahr. Sie hat ihre Berufung gefunden und macht dies mit Leidenschaft. Entweder muss sie die Ausbildung abbrechen oder sich gegen ihre Überzeugung, weil sie kein Vertrauen in die neuartige Impfung hat, fügen. Ein Skandal.
– Anonym

Kommentare auf Twitter zu Nr. 132

@HeidiHeidrich1 – 27. Juni
Antwort an @individ_impfen
Mein Kind ist seit 1 Jahr Physiotherapeut mit einem befristeten Arbeitsvertrag. Zukunft ungewiss.

@tatjanabeyer – 28. Juni
Antwort an @HeidiHeidrich1 und @individ_impfen
Durchhalten...es wird wieder anders

@IrmtraudQ – 27. Juni
Antwort an @individ_impfen
Meine Bewunderung an die tapfere junge Frau!
Persönlich denke ich, dass sie bald händeringend gesucht wird, besonders ungeimpft. Es ist anstrengend, darauf zu warten, aber wir brauchen solche jungen Menschen!!!!!🥺

Nr. 131 – 25. Juni 2022

Seit 35 Jahren arbeite ich in einem Pflegeheim. Wir Ungeimpften tun alles, um sicher durch unseren Alltag zu gehen. Was ist so schwierig daran, meine Meinung zur Impfung zu tolerieren? Wenn jemand diese Impfung für sich braucht, so soll er sie auch haben. Ich selbst hinterfrage den Wirkstoff und die Wirkung des Medikamentes. Ich habe Angst um meine Existenz. Die Politik und mein Arbeitgeber nehmen mir mein Gehalt weg, wenn ich nicht geimpft bin. Habe ich keine Rechte mehr? – Anonym

Nr. 130 – 24. Juni 2022

Meine Frau, meine Tochter und ich arbeiten in der Pflege. Wir sind dann alle arbeitslos und können unsere siebenköpfige Familie nicht mehr ernähren. – Timo Wiggermann

Nr. 129 – 23. Juni 2022

Die Impfpflicht bedeutet für unseren Kreis, dass die Hausgeburtsversorgung dramatisch abnimmt. Viele der Hausgeburtshebammen sind nicht geimpft und werden ihre Tätigkeit aufgeben müssen. – Sarah Göbel

Nr. 128 – 22. Juni 2022

Ich bin seit über 30 Jahren Krankenschwester, z. T. als Stationsleitung. Wir werden nicht gehört. Seit Jahren warnen wir vor einem eklatanten Pflegenotstand, aber unsere Regierung schaut zu oder weg. 2020 mussten Kolleginnen von mir trotz Corona-Befund (symptomlos) im Krankenhaus arbeiten, wir waren ja alle systemrelevant. Ich möchte in meinem Beruf weiterarbeiten und kranken Menschen auch weiterhin eine Hilfe und Stütze sein, aber das interessiert keinen Politiker. – Monika Petrick

Nr. 127 – 21. Juni 2022

Ich bin seit über 40 Jahren als Psychologische Psychotherapeutin mit Kassenzulassung tätig und arbeite mit komplex traumatisierten und chronisch belasteten Patienten. Für sie wird es schwierig werden, passende und erfahrene Psychotherapeuten zu finden. Ich werde meine Praxis jedenfalls schließen müssen. – Anonym

Nr. 126 – 20. Juni 2022

Ich arbeite seit fünf Jahren in eigener psychotherapeutischer Praxis, habe viele Jahre und viel Geld in Ausbildungen investiert und hart für den

Erfolg meiner Praxis gearbeitet. Jetzt komme ich endlich in den Bereich, wo ich davon leben kann und bin direkt gezwungen meine Praxis zu schließen, da ich mich nicht bereit erkläre, mich dem Druck der Politik zu beugen. – Anonym

Nr. 125 – 19. Juni 2022

Mit der Impfpflicht bin ich entweder meinen Job los, den ich schon 21 Jahre habe und liebe, oder ich muss mich unter Zwang impfen lassen und weiß nicht, was es mit mir und meinem Körper macht. Dieser Druck, der auf mich ausgeübt wird, ist nicht mehr tragbar. Ich liege nachts wach und kann nicht schlafen, weil ich von Zukunftsängsten geplagt werde. – Anonym

Nr. 124 – 18. Juni 2022

Gegen eine Impfung habe ich mich entschieden nachdem ich mithilfe meiner in fünf Jahren Psychologie-Studium erworbenen, wissenschaftlichen Ausbildung anhand aktueller Evidenzen und Statistiken eine sorgfältige Analyse der Wahrscheinlichkeit für eine Corona-Infektion und einen schweren Verlauf gegen Risiken und Nutzen einer Corona-Impfung abgewogen und ins Verhältnis gesetzt habe. Meine evidenzbasierte Entscheidung gegen eine Corona-Impfung führte nun letztlich dazu, dass kurz vor meiner Prüfung für die Approbation zur Psychologischen Psychotherapeutin ein Berufsverbot gegen mich verhängt wurde und ich nach zehnjähriger Ausbildung in mein Berufsleben als Psychotherapeutin unter Androhung von Strafe bei Ausübung meines Berufs starten werde. Damit wird mir zwar meine Existenzgrundlage entzogen. Nicht aber meine Berufung. – Anonym

Nr. 123 – 17. Juni 2022

Ich bin hochgradige Neurodermitikerin, alleinerziehende Mutter und Kita-Leitung in einer integrativen Kita. Ich möchte mich nicht impfen lassen, weil mir das Risiko einer Verstärkung meiner Neurodermitis zu hoch ist. Für mich würde eine Impfpflicht Arbeitslosigkeit bedeuten bis hin zur Auswanderung aus Deutschland. – Anonym

Nr. 122 – 16. Juni 2022

Ich arbeite seit elf Jahren als Logopädin. Da ich mich gegen eine Impfung entschieden habe, ist meine Existenz bedroht. Ich habe viel Geld für die Ausbildung ausgegeben und seitdem nur in diesem Beruf gearbeitet. Ich habe keine zweite

Ausbildung und dadurch keine Möglichkeit, einfach mal eben den Job zu wechseln. Ich kann und möchte mich aus diversen Gründen nicht mit diesem Impfstoff impfen lassen. Ich bin absolut verzweifelt und zerbreche mir tagtäglich den Kopf darüber, wie die Zukunft aussehen wird.

– Nicola Conrad

Nr. 121 – 15. Juni 2022

Ich arbeite seit 20 Jahren mit Herzblut in der ambulanten Altenpflege. Dieses gute Gefühl, anderen Menschen einen schönen Lebensabend zu ermöglichen, hat die Rahmenbedingungen wie Feiertagsarbeiten oder den psychischen Stress und einiges mehr wieder wettgemacht. Mir jetzt eine meiner Meinung nach überflüssige Impfung setzen lassen zu müssen, um diesen nicht wertgeschätzten Knochenjob machen zu dürfen, ist eine Frechheit und geht zu weit. Ich habe seit Wochen schlaflose Nächte und Magenschmerzen, weil ich momentan nicht weiter weiß. Man wird genötigt, sich „freiwillig" impfen zu lassen, weil man sonst all seine Freiheiten verliert. Es ist unfassbar, was die Politik mit uns macht.

– Anonym

Nr. 120 – 14. Juni 2022

Ich habe mich zweimal mit AstraZeneca impfen lassen – mit schweren Nebenwirkungen. Eine dritte Impfung kommt für mich nicht mehr in Frage – muss ich deshalb meine Ausbildung zur Ergotherapeutin abbrechen? – Bettina G.-K.

Kommentare auf Twitter zu Nr. 120

@wg_bar – 15. Juni
Antwort an @individ_impfen
Es tut mir so leid, wieviel diese sinnlose Verordnung Existenzen zerstört und dem Gesundheitssystem wertvolle menschliche Ressourcen entreißt.

@DanielaDaseking – 14. Juni
Antwort an @individ_impfen
Na klar, im Namen der Liebe.

Nr. 119 – 13. Juni 2022

Ich arbeite in einer Zahnarztpraxis und bin direkt von der Impfpflicht betroffen. Ich will mich aus gesundheitlichen Gründen und Angst vor den unbekannten Langzeitnebenwirkungen nicht impfen lassen. Zurzeit weiß ich leider keinen anderen Weg, als dass ich mich freistellen lassen muss. Ich bin eine alleinerziehende Mutter mit zwei Kindern und arbeite sowieso schon „nur" 20 Stunden die Woche, ein Verdienstausfall wäre wirklich schlimm. – Wiebke Pohlenz

Nr. 118 – 12. Juni 2022

Meine Frau ist Kinderkrankenschwester mit Herz und Leidenschaft. Für sie ist das nicht bloß ein Beruf, sondern auch Berufung den frischgebackenen Muttis zu dienen und zu helfen. Durch die Impfpflicht überlegen wir als Ehepaar ernsthaft, ob sie den Beruf aufgibt. Eine Impfung kommt nicht in Frage. Die Impfstoffe schützen weder zuverlässig vor Ansteckung noch vor Weitergabe des Virus. – Anonym

Nr. 117 – 11. Juni 2022

Wenn die Impfpflicht wirklich durchgesetzt wird, stehen wir in der Praxis vor sehr großen Schwierigkeiten, da wir auch Personal haben, dass sich nicht impfen lassen möchte. Sollen wir jahrelange, treue, professionelle, einfühlsame Mitarbeiterinnen entlassen? Welchen Preis sollen die

Menschen noch zahlen für Fehler einer jahrelangen maroden, profitorientierten Gesundheitspolitik, die jetzt auf den Schultern von Nichtgeimpften ausgetragen wird? Das spaltet und polarisiert die Gesellschaft. Das dürfen wir nicht zulassen. Menschenrechte dürfen nicht so eklatant verletzt werden. – Anonym

Kommentar auf Twitter zu Nr. 117

@KlugeMona – 12. Juni
Antwort an @individ_impfen
Genauso ist das gedacht. Wenn man Glück hat, dann gibt es ein Gesundheitsamt, welches sich (wie in Mittelsachsen) dazu entschließt das nicht umzusetzen. Ich weiß allerdings nicht, ob man das mit Glück vergleichen kann. Es wird weiter gehen.
#einrichtungsbezogeneImpflichtMussWeg

Nr. 116 – 10. Juni 2022

Ich bin 50 Jahre alt und arbeite in einer endodontologischen Praxis in Bamberg. Ich liebe meinen Beruf, bin mit Herz und Elan dabei. Wir sind eine kleine Praxis mit nur vier Angestellten und einer

Chefin. In unserer Praxis bin ich – neben der Assistenz – für die gesamte Organisation zuständig. Mein Beruf erfüllt mich und macht mich glücklich. Mit der Impfpflicht werde ich meinen Job verlieren. Als ungeimpfte Person und in meinem Alter werde ich keinen neuen Job finden. Meine Existenz steht somit auf dem Spiel. Ich bin normalerweise lebensfroh, hoffnungsvoll und optimistisch. Aber jetzt weiß ich nicht, wie ich meinen Kindern (13 und 16 Jahre) Mut machen kann, denn auch in den Schulen müssen sie sich rechtfertigen für ihre Entscheidung gegen eine Covid-Impfung. Sie werden als unsozial und egoistisch hingestellt, Freundschaften gehen kaputt, Klassen sind gespalten, ebenso Familien. Wir werden angefeindet, wenn wir erwähnen, dass wir ungeimpft sind. Wo ist unser Recht auf Meinungsfreiheit und körperliche Unversehrtheit?
– Susanne Strohmeier

Nr. 115 – 9. Juni 2022

Für mich bedeutet die Impfpflicht, dass ich meine Praxis schließen und 16 Mitarbeiter entlassen muss. Unsere Patienten würden unversorgt bleiben. Aktuell gibt es in der Physiotherapie Wartezeiten von mehreren Monaten, in unserer

Ergotherapie Abteilung sogar bis zu 12 Monate. Wenn auf diese Weise noch mehr Menschen ihre Praxis schließen müssten, wäre das ein herber Rückschlag für die Versorgung. – Anonym

Nr. 114 – 8. Juni 2022

Ich arbeite als Erzieherin in einer Förderstätte und helfe dort körperlich und geistig beeinträchtigten Erwachsenen ihr Leben zu gestalten. Ich liebe meinen Beruf, den ich schon fast als Berufung bezeichnen möchte. Die Impfpflicht bedeutet, dass ich diese Arbeit schweren Herzens niederlegen muss. – Maria Poor

Nr. 113 – 7. Juni 2022

Ich bin niedergelassener Psychiater und Psychotherapeut in einer eigenen rein psychotherapeutischen Praxis in Hildesheim. Ich habe meine Arbeit getan, die gerade in diesen verrückten Zeiten für immer mehr Menschen außerordentlich wichtig ist. Und jetzt darf ich arbeitslos werden und meine Patienten, die eine tragfähige Beziehung zu mir als Therapeuten aufgebaut haben, einfach wegschicken. Was für ein Irrsinn!
– Ioannis Gryparis

Nr. 112 – 6. Juni 2022

Die Impfpflicht wird bei mir dazu führen, dass ich nach 35 Jahren aktiver, auch begeisterter Pflege von Schwerkranken und Sterbenden meinen Beruf verlassen werde.
– Christine Klingl

Nr. 111 – 5. Juni 2022

Seit 35 Jahren arbeite ich als freiberufliche Hebamme. Ich versorge jährlich durchschnittlich 200 Frauen. Eine Impfpflicht ist eine außerordentliche Respektlosigkeit, entspricht einer Entmündigung aller betroffenen Menschen in sozialen und medizinischen Berufen. Für mich entspricht es einem Berufsverbot. Noch mehr Frauen werden nun ohne die ihnen zustehende Hebammenhilfe bleiben! – Elke Schäl

Nr. 110 – 4. Juni 2022

Ich bin 51 Jahre alt und arbeite seit 1989 in der Krankenpflege, seit 25 Jahren auf einer Intensivstation. Neben meiner hauptberuflichen Tätigkeit arbeitete ich auch in der häuslichen Pflege, im Rehabereich und in der Onkologie. Die Arbeitsverhältnisse waren schon immer schlimm, aber in den letzten 10 Jahren oft nicht zu ertragen. Ich werde wohl arbeitslos. Rücklagen haben wir keine. Natürlich haben wir Existenzsorgen, aber erpressen lassen wir uns nicht. – Anonym

Nr. 109 – 3. Juni 2022

Ich bin seit 40 Jahren in der Pflege tätig. Und nun verliere ich meine Existenz, meinen Wohnort. Als gesunde arbeitende Pflegefachkraft. Mit Verlust auf finanzielle Ansprüche durch das Arbeitsamt, wo ich immer meine Beiträge bezahle.
– Anonym

Nr. 108 – 2. Juni 2022

Ich werde meine Praxis für Craniosacral- und Traumatherapie in der bisherigen Form schließen müssen, da ich mich nicht impfen lassen möchte. Ich hätte nicht gedacht, dass ich und so viele Kollegen und Kolleginnen auch aus anderen Heil- und Sozialberufen jemals in diese schreckliche Situation geraten. Ich fühle mich mit einer Impfpflicht missachtet in meiner Menschenwürde. – Anonym

Nr. 107 – 1. Juni 2022

Wenn man mich unter Missachtung meiner Risiko-Nutzen-Abwägung zu einer Injektion zwingt, werde ich nicht mehr als Hebamme arbeiten. – Andrea Scheib

Nr. 106 – 31. Mai 2022
Als analytische Kinder- und Jugendlichen-Psychotherapeutin werde ich aufgrund der Impfpflicht meine Arbeit weder in meiner Praxis noch als Angestellte in einem Praxiszentrum weiterführen können. Eine Impfung kommt für mich aus medizinischen und ethischen Gründen keinesfalls in Frage! – Gisela G.

Kommentar auf Twitter zu Nr. 106

@thegooddoctor76 – 1. Juni
Antwort an @individ_impfen
Erschreckend, was für eine Fülle an gehässigen Kommentaren sich unter ihrem Tweet sammelt, denen offenbar entgangen zu sein scheint, dass dieses Gesetz keine wissenschaftliche Grundlage besitzt und nur als Testballon für eine allgemeine Impfpflicht eingeführt wurde.

Nr. 105 – 30. Mai 2022

Seit über 20 Jahren bin ich in der Pflege tätig. Ambulant, Assistenz für Menschen mit Behinderung, aktuell seit drei Jahren im Pflegeheim. Im September 2020 habe ich die Ausbildung zur Pflegefachfrau begonnen. Wird die Impfpflicht durchgesetzt, ist es vorbei. Ich beende die Ausbildung und gehe aus der Pflege. Für immer. Ich bin zutiefst gekränkt, wie mit uns umgegangen wird. – Anonym

Nr. 104 – 29. Mai 2022

Mit der Durchsetzung der Impfpflicht bin ich meiner gesamten Existenzgrundlage beraubt. Seit über 30 Jahren arbeite ich in der Anästhesie und Intensivpflege. Jetzt ist das alles vorbei und ich stehe auf der Straße, meines Traumberufes enthoben. Ich hatte Anfang 2021 selbst Corona und habe diese Erkrankung, wie viele andere mit mir, gut überstanden. Ich habe medizinische Kenntnisse und mich sehr intensiv mit dieser Erkrankung auseinandergesetzt, ich bin von der Impfung nicht überzeugt. Jeder, der Angst hat, darf gerne geimpft werden. Aber ein Zwang für Menschen, die sich dagegen entschieden haben, empfinde ich als Hohn. Noch dazu für Menschen in der Pflege, die sowieso schon alles geben. Über ihre Grenzen hinaus. – Anonym

Nr. 103 – 28. Mai 2022

Ich bin angestellte Hebamme und arbeite gleichzeitig auch freiberuflich. Mitte Februar werde ich meine Arbeit wegen der Impfpflicht verlieren, da ich mich nicht mit den derzeit zugelassenen Impfstoffen impfen lassen möchte.
– Elisabeth Petau

Nr. 102 – 27. Mai 2022

Ich bin 53 Jahre alt und arbeite seit 25 Jahren in einem privaten Pflegeheim in Baden-Württemberg als kaufmännische Angestellte in der Verwaltung. Mit der Impfpflicht verliere ich einen wunderbaren Arbeitsplatz, einen wunderbaren Chef und wunderbare Kollegen und Kolleginnen.
– Kirsten Herkert

Nr. 101 – 26. Mai 2022

Bevor ich Mutter von vier Kindern wurde, habe ich 17 Jahre sehr gerne als Arzthelferin in einer Landarztpraxis gearbeitet. Meine Kinder sind jetzt so groß, dass ich wieder arbeiten könnte, aber ohne Impfung ist es mir nicht mehr möglich.

Das Schlimmste ist aber, dass meine gerade voll-jährig gewordene Tochter ihre beruflichen Ziele nicht verwirklichen kann. Sie wollte nach dem Abitur ursprünglich beruflich in der Medizin durchstarten ... – Dagmar Trede

Nr. 100-001

Nr. 100 – 25. Mai 2022

Mit der Impfpflicht werden mein Mann und ich unsere Arbeit verlieren (Therapeut in einer psychiatrischen Klinik, Heilpraktikerin) und die Möglichkeit, unsere gelernten Berufe in Deutschland auszuüben. Wir werden alles verlieren.
– Anonym

Kommentare auf Twitter zu Nr. 100

@doehrmann_k – 25. Mai
Antwort an @individ_impfen
Unmenschlich! Und soetwas in einem aufgeklärten Staat!

@Gaby06870254 – 26. Mai
Antwort an @individ_impfen
Das ist sehr traurig. Gerade Menschen wie Sie werden in diesem kranken System mehr denn je gebraucht. Ich denke aber, dass hier das letzte Wort noch nicht gesprochen ist, siehe Italien.

Nr. 99 – 24. Mai 2022

Ich bin Physiotherapeutin, habe Corona durchlebt und werde jetzt, wenn die Impfpflicht nicht zurückgenommen wird, arbeitslos. Ich liebe meinen Beruf und möchte gerne diese Berufung weiterleben. Aber eben nicht um jeden Preis.
– Anonym

Nr. 98 – 23. Mai 2022

Ich bin 55 Jahre alt und examinierte Altenpflegerin. Seit 1990 arbeite ich in der Pflege, erst als ungelernte Kraft im Seniorenheim, 1994 hab ich dann meine dreijährige Ausbildung gemacht. Seit 1997 arbeite ich im ambulanten Pflegedienst. Die Arbeit hat mir immer Freude bereitet, trotz körperlichen Einschränkungen bin ich bis jetzt in diesem Beruf geblieben, weil ich mir gar nichts anderes vorstellen kann. Seit einem Jahr bin ich jedoch müde und ausgebrannt. Ich muss viel Leid sehen. Es dreht sich alles nur noch um das Virus. In betreuten Wohnanlagen dürfen ungeimpfte Bewohner (diese gibt es auch) an gar nichts mehr teilnehmen. Keine Gruppengymnastik, kein gemeinsamer Mittagstisch oder sonstige Veranstaltungen. Ungeimpften Mitarbeitern wird das Leben schwer gemacht, obwohl sie genauso täglich ihr Bestes geben und gesund sind. Es wird sicher einige geben, die ihren Beruf an den Nagel hängen. – Angelika Rössler

Nr. 97 – 22. Mai 2022

Ich (Physiotherapeutin) fühle mich behandelt wie ein Verbrecher und das nur, weil ich mich gegen diese Impfung entschieden habe. In meinem Kopf bin ich schon ausgewandert. – Rebekka Fechner

Nr. 96 – 21. Mai 2022

Ich arbeite in einem Klinikum als wissenschaftliche Mitarbeiterin. Ungeimpft werde ich vermutlich entlassen. Damit endet meine wissenschaftliche Karriere. Zudem werde ich meine Praxis als Kinder- und Jugendlichen- sowie als

Erwachsenentherapeutin aufgeben müssen. Für mich stellt sich die Frage: Lasse ich mich mit einem Impfstoff impfen, dem ich nicht vertraue und riskiere dadurch u.U. schwere Nebenwirkungen oder den Tod, oder gehe ich den Weg der völligen materiellen Unsicherheit mit offenem Ausgang? Eine zutiefst schreckliche Situation.

– Anonym

Kommentare auf Twitter zu Nr. 96

@andrea_heerdt – 30. Apr.
Antwort an @individ_impfen
Die einrichtungsbezoge Impfpflicht wird fallen!
Abwarten, obwohl es bitter ist!

@Ben_im_Glueck – 1. Mai
Antwort an @individ_impfen
Gäbe es die Möglichkeit im Nahen Ausland (Niederlande, Schweiz, Dänemark, Polen) tätig zu werden?

Nr. 95 – 20. Mai 2022

Durch die Einführung einer Impfpflicht wird der Pflegeberuf nicht an Attraktivität gewinnen. Ich (Altenpfleger) werde meinen Lebensunterhalt wohl anders bestreiten müssen.
– Thomas Haberl

Nr. 94 – 19. Mai 2022

Ich bin Physiotherapeutin und muss mich gegen meinen Willen impfen lassen oder meinen Beruf verlieren. Das ist Psychoterror pur! – Anonym

Nr. 93 – 18. Mai 2022

Mein schwer mehrfachbehinderter Sohn (26 Jahre) verliert durch die Impfpflicht vertraute Betreuer. Warum wird durch so ein Gesetz zerstört, was wir mühsam erobert und aufgebaut haben?
– Anonym

Nr. 92 – 17. Mai 2022

Ich bin staatlich examinierte Altenpflegerin, seit 21 Jahren in der Pflege, alleinerziehende Mutter von drei Kindern, wohne in einem nicht fertigen Haus. Die Impfpflicht bedeutet für mich das Ende, da ich mich nicht impfen lassen werde, jedoch mit keinem anderen Job mein Haus und meine

Familie versorgen kann. Ich bin auf das Einkommen angewiesen, nur in der Dauernachtschicht habe ich genug Zeit für meine Kinder (14, 8, 3) und kann ihnen ihr Zuhause erhalten. – Anonym

Nr. 91 – 16. Mai 2022
Diese Impfpflicht bedeutet einen schrecklichen Eingriff in das Selbstbestimmungsrecht von Menschen ohne die dafür notwendige Evidenz.
– Kathrin Strewinski

Nr. 90 – 15. Mai 2022
Die Impfplicht bedeutet für mich, Angst zu haben, nicht in meiner Heimat bleiben zu können, nicht meine Familie als alleinerziehende Mutter ernähren zu können, meine Überzeugung nicht leben zu dürfen. Es bedeutet für mich, täglich und ständig darüber nachzudenken, wie es für mich weiter möglich sein kann ein normales Leben führen zu können. Das Wissen um eine Pflicht, etwas zu tun, das für mich keinen Sinn macht, macht mich krank!!! – Stefanie K.

Nr. 89 – 14. Mai 2022
In meinem Bekanntenkreis gab es inzwischen mehrere Vorfälle nach der zweiten Impfung.

Zwei Personen bekamen eine schwere Gürtelrose. Eine andere Bekannte brach nach der 2. Impfung zusammen und ist fast gestorben. Ein weiterer Bekannter starb 2 Tage nach der Impfung. Eine Angehörige, 86, die bis zur Impfung gut alleine leben konnte, brach nach der Impfung zusammen und muss seither gepflegt werden. Eine Bekannte bekam nach der Impfung eine schwere Nebenhöhlenentzündung und hat sich nach sechs Monaten immer noch nicht erholt. Das sind nur die Fälle, die ich kenne. Wieviel höher muss die Dunkelziffer der Nebenwirkungen sein. Keiner dieser Vorfälle wurde als Impfschaden gemeldet. Wie kann man uns zwingen, uns einen Impfstoff zu spritzen, der nur eine vorläufige Zulassung hat? – Anonym

Kommentar auf Twitter zu Nr. 89

@123korona – 21. Mai
Antwort an @individ_impfen
Haben wir gerade im Haus! Gestern geimpft, heute kam der Notarzt! Schwere Schwindelanfälle, Kreislaufprobleme! Person ca.69 immer fit und sportlich! Lt. Arzt isr das sehr oft!

Nr. 88 – 13. Mai 2022

Ich persönlich habe mich nach zähem Ringen und Grübeln im Sommer 2x mit BioNTech impfen lassen, die Impfung aber sowohl körperlich wie auch psychisch überhaupt nicht gut vertragen. Ich habe heute noch damit zu tun, meine frühere Gesundheit zurückzuerlangen. Ich werde keine weitere Impfung vornehmen lassen und fürchte dann ebenfalls irgendwann um meine Arbeit, sollte die Gültigkeit dann ablaufen und ich bis dahin nicht infiziert und genesen sein. – Stefanie J.

Nr. 87 – 12. Mai 2022

Seit März letzten Jahres arbeite ich in einem Hospiz. Ich bin seit über 30 Jahren in der Pflege als Krankenschwester tätig und werde jetzt meinen Arbeitsplatz verlieren, weil ich nicht gegen Covid-19 geimpft bin. Man bietet mir einen Aufhebungsvertrag an. Das ist für mich ein Schlag ins Gesicht. Es ist ja ein Berufsverbot. Ich bin die ganzen Jahre mit Liebe und Leidenschaft meinem Beruf nachgegangen. – Manuela von H.

Kommentar auf Twitter zu Nr. 87

@IrmtraudQ – 12. Mai
Antwort an @individ_impfen
Gerade im Hospiz ist es ja wohl lächerlich hoch 10.
Davon abgesehen, dass gerade dort schon ganz zu Anfang Coronaopfer ertestet wurden. Krebs im Endstadium, aber an Corona verstorben. Meine Schwester arbeitet dort.

Nr. 86 – 11. Mai 2022

Ich arbeite seit über 25 Jahren in einer Forschungseinrichtung eines Universitätsklinikums im Verwaltungsbereich. Wir haben keinen Patientenkontakt, und es gab in der ganzen Zeit, seit Beginn der Pandemie, keinen Corona-Ausbruch in unserem Institut, weil die gängigen Hygienemaßnahmen (Abstand und Maske) eingehalten wurden. Ich zähle zu den Leuten, die immer zur Arbeit gekommen sind und keine Ausfallzeiten haben. Loyalität und Zuverlässigkeit werden nun abgeschafft, nur noch der Impfstatus zählt. Ich fasse es nicht, was in diesem Land seit etwa zwei Jahren geschieht. – Anonym

Nr. 85 – 10. Mai 2022

Ich werde mich auch mit einer von der Politik per Gesetz aufgezwungenen Impfpflicht nicht impfen lassen und die möglicherweise dann folgenden rechtlichen Konsequenzen in Kauf nehmen. Das bedeutet für mich dann, meinen Beruf, den ich mit viel Herzblut und Freude ausfülle und auch über die Jahre mit viel finanzieller Eigenleistung ausgebaut und mich als Fachtherapeut intensiv weiterqualifiziert habe, komplett an den Nagel zu hängen. Ich besitze einen LKW-Führerschein aus meiner Bundeswehrzeit, meine Option wäre dann, erstmal als Fahrer mein Brot zu verdienen. Wir hätten damit in der Familie eine erhebliche finanzielle wie auch soziale Einbuße zu tragen und viele Veränderung in allen Bereichen unseres Lebens in Kauf zu nehmen. Doch darin sind wir uns einig, wir lassen uns diese Form der Impfung nicht vom Staat aufzwingen.
– Anonym

Nr. 84 – 9. Mai 2022

Meine weitere Berufstätigkeit als Physiotherapeutin hängt an einer politischen, willkürlichen Entscheidung und Fremdverfügung über meinen Körper. Ich soll nun also meine körperliche

Unversehrtheit und Selbstbestimmung (oder meine Berufstätigkeit) einer rein politischen Entscheidung mit äußerst fragwürdiger Rechtsgrundlage und Nutzen opfern. Dies ist für mich ein unerträglicher Gedanke! – Anonym

Nr. 83 – 8. Mai 2022

Meinen Job als Sozialarbeiterin habe ich immer mit Überzeugung und Leidenschaft ausgeübt. Ich habe 8 Jahre lang im Sozialdienst eines großen Klinikums in Berlin gearbeitet und viele kranke und oft auch hoffnungslose Menschen im Krankenhaus unterstützt und beraten. Die Lebens- und Leidensgeschichten von Patienten aus Ländern der ganzen Welt ließen mich immer beschämt mein eigenes gesichertes Schicksal in Deutschland erkennen. Zwei Jahre durfte ich als Koordinatorin in einer Kinderschutzambulanz arbeiten. Das war Teamwork mit Polizei, Kripo, Gewaltschutzambulanz, allen sozialen und gesundheitlichen Einrichtungen Berlins. Wir haben so vielen Kindern geholfen, Krisen aufgedeckt und Schutz für sie eingefordert. Der Kampf für die Rechte und die Gesundheit von Kindern hat uns vereint. Leider ist davon nicht mehr viel geblieben. Die Kinder werden nun geschädigt, vom

Staate selbst. Sie sind psychisch belastet, isoliert und verzweifelt. Das sonst so notwendige soziale Netz zerrissen. Die ganze Pandemie über und auch schon davor waren wir gut genug, um für zwei zu arbeiten. Jetzt werden wir abgewertet und diskriminiert, vom Dienst suspendiert, wir erhalten Berufsverbot. Dabei ist es die tägliche Aufgabe eines Angestellten im Krankenhaus, für seine Hygiene und die der Patienten zu sorgen, ob mit oder ohne Pandemie. Ich bin nicht mehr stolz auf meine Arbeit, ich schäme mich sogar dafür. Ich werde mich nicht impfen lassen und nicht weiterarbeiten. Es steht schlecht um uns alle in diesem Land. – Theresia S.

Nr. 82 – 7. Mai 2022

Ich bin Kinderphysiotherapeutin – mit ganzem Herzen und nicht endender Begeisterung arbeite ich seit über 25 Jahren in diesem Beruf. Daran konnten bis jetzt weder die niedrigen Löhne, noch der immer hektische Arbeitsalltag etwas ändern. Aber nun ist ein Punkt erreicht, der mich in meiner inneren Haltung, in meinem ganzen Menschsein tief trifft: Eine völlig unsinnige und ungerechte Impfpflicht einfach hinzunehmen und damit zu bejahen, ist für mich unvorstellbar. Und so denke ich zum ersten Mal über unbezahlte Beurlaubung, Jobwechsel usw. nach ... – Anonym

Nr. 81 – 6. Mai 2022

Ich lehne die Impfung ab, auch wenn dies bedeutet, dass ich meinen Beruf (Physiotherapeutin, Osteopathin, Heilpraktikerin) nicht mehr ausüben darf. Impfungen sind eine freiwillige Entscheidung, die jeder selber treffen muss. Sie dürfen nicht mit Zwang durchgeführt werden, insbesondere nicht, wenn man die Langzeitfolgen noch gar nicht absehen kann. – Iris S.

Nr. 80 – 5. Mai 2022

Eine Impfpflicht bedeutet für mich, dass ich meine Praxis für Ergotherapie mit drei angestellten Ergotherapeutinnen schließen muss. Es gehen über 100 dringend benötigte Therapieplätze vom Kleinkind bis Senior verloren. Mein Mann, ebenso selbstständig im Firmencoaching, hat schon seit 2 Jahren dramatische Einbußen erlitten als Auswirkung der Coronapolitik. Seitdem ernähre ich die Familie. Mit der Impfpflicht können wir Grundsicherung beantragen. – Anonym

Nr. 79 – 4. Mai 2022

Ich habe nichts gegen das Impfen. Ich habe aber etwas dagegen, dass ich nicht frei über meinen eigenen Körper bestimmen darf. – Susanne V.

Nr. 78 – 3. Mai 2022

Es macht mich fassungslos, dass mir als selbstbestimmte Bürgerin meine Urteilsfähigkeit abgesprochen wird! Viel schlimmer noch: Man wird von heute auf morgen einer Gruppe radikaler Menschen zugeordnet und die eigenen Beweggründe gegen eine Impfung werden nicht angehört. Man hat den Mund zu halten und gefälligst seine Arbeit zu machen. Selber denken ist nicht gestattet und schon gar nicht gewünscht!
– Sonja E.

Nr. 77 – 2. Mai 2022

Ich bin Diplom-Patholinguistin und habe mich spezialisiert im Bereich der sprachtherapeutischen Behandlung von Schlaganfallpatienten. Nachdem ich zunächst einige Jahre als Therapeutin tätig war, habe ich im Fachbereich Psycholinguistik promoviert. Ich war selbst jahrelang Wissenschaftlerin, aber genau deshalb weiß ich auch, dass es nicht immer nur eine Wahrheit gibt

und verschiedene Blickwinkel häufig auch unterschiedliche Interpretationen zulassen. Schockierend finde ich, dass es scheinbar keine Rolle mehr spielt, welchen Gesundheitsstatus ein Mensch wirklich hat, bevor er eine Injektion erhält. Ich habe Autoimmunerkrankungen, die mich schon seit meiner Kindheit mehr oder weniger stark im Leben einschränken. Nach jeder früheren Impfung hatte ich starke Schübe, ohne dass die Impfung genutzt hätte – ich gelte als Impfversagerin. Wer haftet für eine Berufsunfähigkeit, wenn die Covid-Impfung die Krankheit verschlimmert? Wer bezahlt die Ausfallkosten?
– Dr. Franziska M.

Nr. 76 – 1. Mai 2022

Sollte die beschlossene Impfpflicht durchgesetzt werden, werde ich meine Tätigkeit als Hebamme, die ich über 30 Jahre lang mit Freude und Engagement ausgeübt habe, beenden. – Antje F.

Nr. 75 – 30. April 2022

Ich arbeite in einem Klinikum als wissenschaftliche Mitarbeiterin. Ungeimpft werde ich vermutlich entlassen. Damit endet meine wissenschaftliche Karriere. Zudem werde ich meine Praxis als

Kinder- und Jugendlichen- sowie als Erwachsenentherapeutin aufgeben müssen. Für mich stellt sich die Frage: lasse ich mich mit einem Impfstoff impfen, dem ich nicht vertraue und riskiere dadurch u.U. schwere Nebenwirkungen oder den Tod, oder gehe ich den Weg der völligen materiellen Unsicherheit mit offenem Ausgang? Eine zutiefst schreckliche Situation.
– Anonym

Nr. 74 – 29. April 2022

Ich bin leitender MTA der klinischen Chemie des Klinikums der Universität Regensburg. Für mich konkret bedeutet die Impfpflicht, dass ich meinen geliebten Beruf nach 20 Jahren verlassen muss.
– Sebastian R.

Kommentare auf Twitter zu Nr. 74

@CaSchu6 – 30. Apr.
Antwort an @individ_impfen
Traurig, aber mutige Entscheidung. Drücke die Daumen, dass sich irgendwie eine wunderbare neue Möglichkeit ergibt.

Nr. 73 – 28. April 2022

Ich bin 58 Jahre, MTRA (Medizinisch-technische Radiologieassistentin) und würde im nächsten Jahr mein 40-jähriges Dienstjubiläum feiern. Bis vor 3 Jahren habe ich im Krankenhaus in der Radiologie gearbeitet, seitdem in einer Orthopädischen Gemeinschaftspraxis. Jetzt kommt das Berufsverbot für Ungeimpfte. Ich will an diesem großen Menschenversuch einfach nicht teilnehmen und darf deshalb nicht mehr arbeiten? Meine Chefs sind mehr als zufrieden mit meiner Arbeit und müssen dennoch auf mich verzichten, obwohl wir einen riesigen Personalengpass haben? – Petra D.

Nr. 72 – 27. April 2022

Wenn ich mich nicht impfen lasse, muss ich meine Praxis schließen. Ich habe keinen anderen Beruf. Ich kann mir nicht vorstellen, dass ein solches Berufsverbot durch die Hintertür verfassungsgemäß ist. Ich traue diesen Impfstoffen nicht, denn wir wissen derzeit nicht, was diese in unserem Organismus auf lange Sicht anrichten, erst recht, wenn ich mich mehrfach und immer wieder impfen lassen muss. – Margit Adele V.

Nr. 71 – 26. April 2022

Ich bin ungeimpfter Gesundheits- und Krankenpfleger in einem städtischen Klinikum. Dies ist mein dritter Beruf. Ich habe mit 33 Jahren die Ausbildung begonnen und bin im kommenden Jahr seit 10 Jahren dabei. Ich liebe meinen Beruf. Ich arbeite an Wochenenden und Feiertagen und oft an der körperlichen und psychischen Belastungsgrenze. Aber ich habe gleichzeitig so viele wunderbare Momente mit Patienten und Kollegen. Ich bin der Hauptverdiener unserer Familie und ab 16. März 2022 womöglich freigestellt ohne Entgelt. Aber ich weigere mich, meinen Körper zum Staatseigentum zu erklären. Ich bin kein Pfleger 2. Klasse. Jeder Pfleger der das gerade noch mitmacht gehört zu den letzten die noch da sind. Wer will denn mit diesen Aussichten noch pflegen? – Stefan A.

Nr. 70 – 25. April 2022

Ich bin in Ausbildung zur Heilerziehungspflegerin und derzeit in Elternzeit. Ich bin bereit, alles zu tun, um vulnerable Personen zu schützen, aber ich möchte mir mein Recht auf Unversehrtheit meines Körpers nicht nehmen lassen. Für mich bedeutet die Einführung der Impfpflicht das Aus in diesem Arbeitsbereich. Ich wünsche mir, dass die Freiheit und die individuellen Rechte eines Menschen in diesem Land weiterhin das höchste Gut bleiben. – Katharina H.

Nr. 69 – 24. April 2022

Ich habe meine kardiologische Praxistätigkeit nach 24 Jahren aus Protest gegen die zu diesem Zeitpunkt drohende und jetzt endgültige Impfpflicht und die verschärften G-Regeln im Praxisbetrieb am 1.12.21 niedergelegt. Meine Frau hat nach 32 Jahren ihre logopädische Praxis aus demselben Grund zum 1.1.2022 geschlossen. Es ist für uns unfassbar, dass nach der aktuellen Datenlage, der (früheren) Rechtslage und den bekannten Codices für die Heilberufe derartige staatliche Übergriffe und Gesetze möglich sind.

Wir haben jeglichen Glauben an die Politik und eine Rechtsstaatlichkeit verloren.
– Dr. Joachim & Birgit B.

Nr. 68 – 23. April 2022

Ich arbeite als ZMF in einer Zahnarztpraxis. Der Entschluss der Politik zur Impfpflicht entspricht nicht dem Gleichheitsgesetz und ist nicht akzeptabel. Meine momentane Situation wäre einem Berufsverbot gleichzusetzen, was natürlich auch existenzielle Probleme nach sich ziehen wird.
– Diana S.

Nr. 67 – 22. April 2022

Ich bin seit fast 40 Jahren in der Pflege tätig und ich liebe meinen Beruf trotz all dem Stress! Leider darf ich ihn ab Mitte März nicht mehr ausüben. Ich würde die Impfpflicht verstehen, wenn ich dadurch meine Patienten schützen könnte. Da aber sowohl die Geimpften, wie auch die Ungeimpften gleichermaßen ansteckend sind, werde ich mich zu dieser „Impfung" nicht zwingen lassen. – Anonym

Nr. 66 – 21. April 2022

Ich bin seit 15 Jahren Pflegefachkraft und nahezu geschockt über den Beschluss, den die Regierung für März 2022 bekannt gegeben hat. Ich liebe meinen Beruf, den ich aber nun aufgeben muss, da ich mich nicht zur Impfung zwingen lasse. Das ist das Ende, nicht nur für mich, sondern auch für viele andere im Pflegebereich. Wie kann es sein, dass in Deutschland so etwas passiert? Warum hebelt man Grund- und Menschenrechte aus? – Anonym

Nr. 65 – 20. April 2022

Ich arbeite seit 11 Jahren als Krankenschwester in einer psychosomatischen Klinik. Mir macht meine Arbeit einen riesen Spaß und ich bin genau am richtigen Platz. Ich habe einen tollen Arbeitgeber und arbeite in einem über lange Jahre zusammengewachsenen Team. Letztendlich weiß ich mir keinen Rat. Ich befinde mich in einer mittlerweile fast nicht auszuhaltenden Spannung: Ich will mich nicht impfen lassen, aber auch nicht meinen wertvollen Arbeitsplatz verlieren. Ich habe noch keine Ahnung wie das für mich ausgehen wird. Was ich weiß: Mit mir gibt es unzählige Fachkräfte aus dem medizinischen

Bereich, denen es ähnlich geht. Und davon werden eine beträchtliche Menge den Beruf verlassen. Ich hoffe und bete, dass es eine Wende gibt.
– Anonym

Nr. 64 – 19. April 2022
Ich stehe vor der Entscheidung, entweder zwangsweise die Impfung anzunehmen, damit ich den mir lieb gewordenen Pflegeberuf weiter ausüben kann oder aber die Impfung weiterhin zu verweigern und dann ins gesellschaftliche Abseits geschoben zu werden.
– Stefan von Wachter

Kommentare auf Twitter zu Nr. 64

@Gollum381109 – 19. Apr.
Antwort an @individ_impfen
das ist eine sehr schwierige Entscheidung......
Treffe die für Dich richtige Entscheidung.... ich würde versuchen Zeit zu gewinnen.

@6666Bubble666 – 19. Apr.
Antwort an @individ_impfen und @Impf_Info
Das ist eine schwere Entscheidung. Ich habe mich Zwangsimpfen lassen. Aus rein finanziellen Gründen war ich dazu genötigt. Corporate Identity ist vorbei. Einige Kolleginnen bleiben standhaft. Bin gespannt und hoffe auf ein baldiges Ende der einrichtungsbezogenen Impfpflicht.

@NichtmeinPlanet – 19. Apr.
Antwort an @individ_impfen
Das ist eine sehr schwere Entscheidung.
Ich wünsche Dir viel Kraft, die für Dich richtige Entscheidung zu treffen. Die einrichtungsbezogene Impfpflicht ist Unrecht. Sie muss sofort aufgehoben werden. #Vergesstunsnicht

Nr. 63 – 18. April 2022
Meine Tätigkeit ist die Arbeit in einer großen Arztpraxis und ich werde jetzt zunehmend in kurzen persönlichen Gesprächen freundlich darauf hingewiesen, dass ich mich doch impfen lassen

soll. Sie wollen auf mich nicht verzichten und würden es sehr bedauern, wenn ich nicht mehr bei Ihnen arbeiten kann. Sollte sich da bis zu diesem Zeitpunkt nichts geändert haben, werde ich wohl im März arbeitslos sein.
– Heidrun S.

Nr. 62 – 17. April 2022
Es gibt für mich (Psychotherapeutin in eigener Kassen-Praxis) keinen Grund, mich als junge und stillende Mutter einem Nebenwirkungsrisiko und wiederkehrenden Boostern aussetzen zu müssen. Dies ist für mich besonders belastend, da ich für zwei kleine Kinder da sein möchte und gleichzeitig den Wegfall des Einkommens nicht ausgleichen kann. Es ist Erpressung auf Kosten der Gesundheit einer jungen Mutter. – Anonym

Nr. 61 – 16. April 2022
Ich bin für Impffreiheit für ALLE. Die Impfpflicht hat mich dazu veranlasst, meinen Beruf (examinierte Altenpflegerin) zu verlassen. Mit 58 Jahren muss ich jetzt noch einmal bei Null anfangen.
– Anonym

Nr. 60 – 15. April 2022

Seit vielen Jahren arbeite ich mit viel Herz und Engagement (oft an der physischen und psychischen Belastungsgrenze) in einem Wohnheim unter kirchlicher Trägerschaft für Menschen mit geistiger Beeinträchtigung. Hier leben auch Menschen, die völlig gesund zur Welt kamen und durch einen Impfschaden nun ein Leben lang auf Betreuung angewiesen sind. Man verdient wenig in diesem Bereich und es fehlt praktisch immer an Mitarbeitern, sodass bei ohnehin großer Belastung ständig Überstunden absolviert werden müssen. Nun muss ich im März mit einer Kündigung rechnen. Also werde ich nun die mir ans Herz gewachsenen Menschen verlassen müssen, die im Übrigen bereits zu Beginn der Pandemie alle positiv auf Corona getestet wurden. Bei durchweg geringen bis gar keinen Symptomen mussten die Behinderten daraufhin zwei Wochen alleine in ihren Zimmern verbringen. Meine Kollegen und ich wurden in häusliche Quarantäne geschickt, die allerdings eine vom Arbeitgeber angeforderte Ausnahmegenehmigung zum Arbeiten beinhaltete, der wir natürlich Folge geleistet haben. – Anonym

Nr. 59 – 14. April 2022

Für mich hieße die Impfpflicht nach über 30 Jahren in der Pflege 100 % Berufsverbot. Was der Pflegenotstand bisher nicht geschafft hat, würde ein bedingt zugelassenes Präparat schaffen, das ich mir sonst verpflichtend verabreichen lassen müsste. Wenn die Politik es so will, wird sie auf mich in der Pflege verzichten müssen und ich denke, ich bleibe da nicht alleine! Gute Nacht, Deutschland. – Anonym

Nr. 58 – 13. April 2022

Die Impfpflicht ruiniert familiäre Existenzen! Man kann nicht mehr in seinem Wunschberuf arbeiten. Wer von den jungen Leuten hat noch diesen inneren Wunsch, in die Pflege zu gehen? Wir haben seit über 10 Jahren fortschreitenden Personalmangel und nur durch Covid wurde dieser an die Öffentlichkeit getragen. Durch die Impfpflicht wird noch mehr Personal zum Verlassen der Kliniken gezwungen. – Anonym

Nr. 57 – 12. April 2022

Beruflich droht mir ohne Impfung tatsächlich ein Berufsverbot. Ich arbeite als Sprachtherapeutin in eigener Praxis. Unser Team besteht aus geimpften und ungeimpften Therapeutinnen und Therapeuten. Diejenigen, die gesund aber ungeimpft sind, dürfen noch nicht einmal Teletherapien machen. Ich darf noch nicht einmal meine Praxisführung im Homeoffice erledigen. Das ist reine Willkür und Schikane. Ich kann mich entscheiden zwischen Berufsverbot und Impfzwang. – Rana Kronaus

Nr. 56 – 11. April 2022

Ich bin seit 30 Jahren Krankenschwester (Fachkrankenschwester für Anästhesie und Intensivmedizin) und nebenberuflich im Ehrenamt tätig. Ich halte mich gesund, bin selten krank, rauche nicht, trinke nicht, gehe sehr verantwortungsbewusst mit Hygiene um. Seit 11 Jahren wohne ich in meiner eigenen Wohnung und zahle meinen Kredit ab. Nebenbei finanziere ich meiner Tochter das Medizinstudium.

Wenn ich meinen Job verliere, kann ich nichts davon mehr finanzieren. Ich habe extreme Existenzängste und kann es nicht fassen, wie mein Leben, das ich nur in helfenden Berufen verbracht habe, plötzlich nichts mehr wert ist. Ich liebe meinen Beruf und habe die letzten knapp zwei Jahre

meine ganze Kraft für die Pflege der schwerkranken Menschen gegeben.
– Astrid G.

Nr. 55 – 10. April 2022

Wer hat das Recht zu sagen, dass der Tod von Corona-Patienten schlimmer sei als von anderen todkranken Patienten? So wird es leider häufig in der Presse suggeriert. Wer hat das Recht zu sagen, dass man nur dann eine gute Krankenschwester sei, wenn man geimpft oder geboostert ist? Wen hat es vorher interessiert, wie die Arbeit auf einer Intensivstation aussieht? Wer soll die Patienten noch versorgen, wenn der Pflegenotstand noch schlimmer wird? Man kann doch nicht erwarten, dass Menschen sich nur aus Angst vor Sanktionen oder der Angst, ihren Job zu verlieren, impfen lassen. – Maria Jüngst

Nr. 54 – 9. April 2022

Für mich als Kinderarzt mit über 30-jähriger Praxistätigkeit bedeutet die Impfpflicht ein Berufsverbot. Und das, wo ich tagtäglich kranke Kinder behandele und mich schon 30 Jahre lang weitaus gefährlicheren Krankheitskeimen ausgesetzt habe. – Dr. Jochen W.

Kommentare auf Twitter zu Nr. 54

@tigersusy – 10. Apr.
Antwort an @individ_impfen
Danke für die Worte.

@KirstinMller10 – 9. Apr.
Antwort an @individ_impfen
Man möchte nur noch weinen. Ich bin seit 34 Jahren MFA (in derselben Praxis!)aus diesem Grund 3x geimpft. Aber durch die Impfpflicht heißt das ja nicht, dass nach der 3. Schluss ist. Sollte die 4. verpflichtend werden, wäre das für mich auch ein Grund zu gehen 😔

@SG73039750 – 10. Apr.
Antwort an @individ_impfen und @Peterchen_Pan
Auch ich werde nach über 20 Jahren Tätigkeit als Krankenschwester aus dem Beruf gedrängt. Obwohl zwei Jahre lang an vorderster Front, dabei coronafrei und folglich auch niemanden angesteckt.

Nr. 53 – 8. April 2022

Ich bin Pflegefachkraft, habe 2008 mein Examen gemacht. Bei uns in der Einrichtung gab es einen Coronaausbruch. Ich musste miterleben, wie böse dieses Virus in der vulnerabelsten Gruppe um sich greift. Ich stand mit an vorderster Front im Kampf gegen dieses Virus. Leider waren weder Land noch Bund damals in der Lage, zeitig genügend FFP2-Masken, Schutzkittel oder auch nur Handschuhe zu besorgen. Wir arbeiteten lange Zeit mit Stoffmasken, später gab es mal einen kleinen Schwung FFP2-Masken. Diejenigen, die nicht zu den an Covid erkrankten Bewohnern ins Zimmer gingen, wurden angewiesen, die Masken zu Hause zu lüften und wiederzuverwenden (wir hatten nicht genug!), wir mussten mit zu großen Handschuhen arbeiten und Kittel mehrmals tragen (das galt selbst für die Mitarbeiter, die Kontakt zu den Coronakranken hatten). Ich und all meine Kollegen haben unsere Gesundheit aufs Spiel gesetzt, wir mussten doch trotzdem die Menschen versorgen. Es gab sogar die Anweisung, positiv getestet zur Arbeit zu kommen, solange man symptomfrei war. Jetzt, ein gutes Jahr später, sollen plötzlich wir diejenigen sein, die Menschenleben gefährden. Zumindest der kleine Teil von uns, der sich gegen eine Impfung mit einem mRNA-Vakzin entschieden hat. Ich bin keine Coronaleugnerin, sondern lehne die Impfung aus einer Überzeugung ab, die auf wissenschaftlichen Säulen basiert. So, wie die Dinge stehen, heißt es für mich erst mal „Tschüss, Pflegeberuf". Und noch mal werde ich wohl auch nicht zurückkehren. Sollen doch

andere weiter als der Fußabtreter fungieren.
– Simone O.

Nr. 52 – 7. April 2022

Als Mitarbeiterin im Medizincontrolling einer großen Uniklinik, bin ich von der nun eingeführten Impflicht direkt betroffen, auch wenn ich keinerlei Patientenkontakt habe. Zum ersten Mal bereue ich, im Gesundheitswesen zu arbeiten. Ich trage alle Maßnahmen mit, ohne mich darüber zu beschweren. Diskriminiert fühle ich mich trotzdem. Ich respektiere jeden, der sich für die Impfung entscheidet, aus welchen Gründen auch immer. Aber ich erwarte im Gegenzug das Gleiche und das ist derzeit leider nicht mehr gegeben.
– Anonym

Nr. 51 – 6. April 2022

Ich bin Diplom-Psychologin und führe eine psychotherapeutische Privatpraxis. Wenn ich ab März 2022 dazu gezwungen werde, meine Tätigkeit aufzugeben, kann ich einer Vielzahl von Menschen, die sich mir mit oft sehr schwierigen Themen und Lebensgeschichten anvertraut haben, nicht mehr helfen und muss diese mit ihren

Anliegen sehr abrupt sich selbst überlassen. Zudem wird mir die Existenzgrundlage geraubt.
– Sibylle E.

Kommentare auf Twitter zu Nr. 51

@de_veritatis – 6. Apr.
Antwort an @individ_impfen und @Impf_Info
komm nach England. ich bin seit 7 Wochen hier inkl. psycholog. PrivatPraxis. Nicht verzweifeln, Expertise wird überall gebraucht. Aber #impfen gegen unseren Willen & individuelle Einschätzung unseres Körpers tun wir nicht! 🍀

@kohl1_rose – 7. Apr.
Antwort an @individ_impfen
Aus diesem Grund machen wir eine eigene Einrichtung für psych. Kranke Menschen auf. Du und jeder der möchte, ist herzlich eingeladen.

Nr. 50 – 5. April 2022

Seit 23 Jahren arbeite ich im Krankenhaus, ich bin durch Hoch und Tief gegangen und jetzt zählt das alles nichts mehr. Nur weil eine Regierung solch gesetzlose Entscheidung trifft. Eine Impfung, die nur bedingt zugelassen ist. Nein, ich werde da nicht mitmachen und hänge den Beruf dann an den Nagel. – Anonym

Nr. 49 – 4. April 2022

Ich bin Osteopathin – 6 Jahre Ausbildung, Heilpraktikerin – 3 Jahre Ausbildung plus 1 Jahr Abendkurs Teilbereich Psychiatrie. Ich bin medizinische Fachangestellte und Gesundheitspädagogin – 2 Jahre Fernstudium, Diplompädagogin Univ. mit Bereich Sportpädagogik usw., Erste Hilfe-Ausbilderin, Erste Hilfe-Ausbildungsmentorin, Kriseninterventionsberaterin im Rettungsdienst, ich habe über 7 Jahre Pflegekräfte aus-

228

und weitergebildet als Dozentin ... Vor einem halben Jahr habe ich eine eigene Praxis gegründet und arbeite zusätzlich in einer seit 20 Jahren bestehenden osteopathisch-naturheilkundlichen Praxis mit. Die Patienten sind zufrieden und der Terminkalender ist voll. Im Herbst 2021 hatte ich Corona und bin somit genesen. Jetzt darf ich mir mit dem ganzen beruflichen Weg dennoch bis zum März 2022 überlegen: Impfen mit einem Impfstoff, von dem ich nach all meinen Recherchen noch nicht überzeugt bin und den ich mit Antikörperbildung womöglich gar nicht brauche, oder eine gut laufende Praxis und die Mitarbeit in der Praxis an den Nagel hängen. Ist es wirklich sinnvoll mit einer Teilimpfpflicht derartigen Druck auf zu bauen und Praxen vor die Wahl zu stellen? Impfen oder einen anderen Beruf ergreifen?
– Nicole

Nr. 48 – 3. April 2022

Ich bin Diplompädagogin und arbeite im Bereich der ambulanten Eingliederungshilfe mit Kindern, Jugendlichen und Erwachsenen mit Behinderung. Zusammen mit zwei Kolleginnen haben wir vor mittlerweile 21 Jahren eine private Praxis gegründet. Im Lauf der Woche kommen über 200

Klient*innen zur Förderung zu uns, wir haben aktuell 10 Angestellte. Entgegen meinem Menschenbild muss ich als Chefin meine Mitarbeiterinnen kontrollieren, ob sie einen gerade gültigen Impfschutz/Test nachweisen können, bzw. müsste, wenn dies nicht der Fall ist, sie täglich bei einem Schnelltest kontrollieren. Allein diese Maßnahme ist mir zutiefst zuwider und widerspricht absolut meiner Auffassung als Leitung. Jetzt werde ich per Gesetz gezwungen, Personal (einschließlich der Putzkräfte) von der Arbeit freizustellen, wenn diese nicht den aktuell als ausreichend definierten Impfschutz aufweisen. Qualifizierte Fachkräfte, die langjährig bei uns Beschäftigte sind, müsste ich kündigen. Allein dieser Umstand ist menschenunwürdig und würde kaputt machen, was in langjähriger Arbeit auf hohem Niveau aufgebaut wurde. Mein Vertrauen in die Gesetzgebung ist haltlos erschüttert! Ich habe mein Vertrauen in das staatliche Gesamtsystem verloren. – Anonym

Nr. 47 – 2. April 2022
Seit mehr als 20 Jahren arbeite ich in unterschiedlichen sozialen Kontexten, z.B. mit schwer Suchtkranken, Ex-Häftlingen oder mit chronisch

psychisch kranken Menschen, zuletzt ca. 10 Jahre in eigener Praxis. Ich bin kein bockiges, unmündiges Kind, sondern eine erwachsene Person, die für ihr Leben eine bewusste Entscheidung getroffen hat. Ich bin tief getroffen, fühle mich nicht respektiert und zum ersten Mal habe ich Gedanken, diesem Land den Rücken zuzukehren. Das hätte ich niemals für möglich gehalten. – Katja P.

Nr. 46 – 1. April 2022

Ich bin Inhaberin einer Physiotherapeutischen Praxis. Ich selbst und acht meiner neun Angestellten sind ungeimpft und auch nicht gewillt, uns impfen zu lassen. Wir arbeiten seit zwei Jahren ohne einen einzigen Coronafall bei Patienten und Personal. Wir haben ein sehr gut funktionierendes Hygienekonzept. Falls die Impfpflicht durchgesetzt werden würde, müsste ich meine Praxis schließen. – Katrin H.

Nr. 45 – 31. März 2022

Seit 25 Jahren bin ich in eigener Praxis als Zahnarzt tätig. Mein Praxisteam ist weitestgehend ungeimpft, und ich bin es bisher auch. Prinzipiell bin ich kein Impfgegner. Doch möchte ich nicht an der experimentellen Phase der neuen Covid-Impfstoffe teilnehmen. Mit dem neuen Gesetz steht meine berufliche Existenz auf dem Spiel. Sollten sich meine Mitarbeiter gegen die Impfung und für einen Jobwechsel entscheiden, kann meine Praxis dicht machen, denn neues Personal ist nicht zu finden. – Dr. André Löscher

Nr. 44 – 30. März 2022

Ich bin seit 1988 examinierte Krankenschwester, im Dezember 2015 erkrankte ich an einem Hirntumor, hatte aber das große Glück, dass ich an einen Spezialisten geraten war, der es schaffte, mich zu operieren und mir damit das Leben rettete. Ich kämpfte mich zurück ins Leben. Über die Musiktherapie kam ich auf die Idee, diese Ausbildung zu machen, falls ich fit genug werden würde. Das schaffte ich tatsächlich und konnte die Musik-Klangtherapie mit Unterstützung meines Chefarztes in unserer Klinik etablieren. Seit 2020 arbeite ich dort nur noch als Musik-Klangtherapeutin. Die Patienten:innen profitieren sehr davon und sind begeistert. Mein Chefarzt auch. Ich möchte mich nicht impfen lassen, weil ich nicht weiß, was das in meinem Kopf anrichtet. Außerdem bin ich an Morbus Crohn erkrankt und habe noch weitere gesundheitliche Probleme. Jetzt erfuhr ich von einer Kollegin, dass der Krisenstab unseres Krankenhauses beschlossen hat, dass die Ungeimpften alle am dem 15.3.2022 vom Dienst freigestellt werden und das Krankenhaus nicht mehr betreten dürfen. Ich weiß nicht mehr weiter. Aber impfen lassen werde ich mich nicht, meine Angst vor einem erneuten Hirntumor ist zu groß, eher bringe ich mich um. – Daniela M.

Nr. 43 – 29. März 2022

Ich bin im Besitz einiger Qualifikationen im medizinischen Bereich - med. Laborantin, seit 2008 Notfallsanitäterin und nebenberuflich Anästhesieschwester. Dieser von mir gewählte Weg soll nun enden, ohne dass ich mich dafür entschied. Das ist die mit Abstand schlimmste Fremdbestimmung, die ich in meinem Leben erdulden musste. – Steffi L.

Nr. 42 – 28. März 2022

Meine Lebensgefährtin arbeitet als Ärztin in einer Psychosomatischen Klinik. Sie hat sehr für das Studium gekämpft, arbeitet mit viel Herz und ist für ihre Patienten da. Das soll alles ab März vergebens gewesen sein? – Michael L.

Nr. 41 – 27. März 2022

Als in eigener psychotherapeutischer Praxis niedergelassener Facharzt für Psychiatrie und Psychotherapie, der für sich persönlich die Impfung bzw. genetische Manipulation gegen Covid aus verschiedenen Gründen ablehnt, wäre eine wie auch immer geartete Impfpflicht mit entsprechend drohenden Strafen für mich eine möglicherweise die Existenz der Praxis gefährdende Maßnahme. Sie macht mir demgemäß natürlich erst einmal immense Angst. Aufgrund des unkalkulierbaren Risikos von Neben- oder unerwünschten Langzeitwirkungen habe ich auch vor der Impfung an sich Angst. Die Kollateralschäden an körperlicher und seelischer Gesundheit in der Bevölkerung werden jetzt und in Zukunft noch viele Jahre lang den Nutzen der Maßnahmen der Regierung übersteigen. – Dr. Andreas J.

Nr. 40 – 26. März 2022

Ich führe eine heilpädagogische Klasse in Freiburg. Meine sechs Schüler, vier von ihnen im Autismusspektrum erkrankt, machen gerade

wunderbare Fortschritte, aber es gibt noch so viel zu tun! Während der Lockdowns haben wir nur einen Tag geschlossen, um uns umzuorganisieren und die ganze Zeit mit Notbetreuung für den größten Teil unserer Schülerschaft gesund und vergnügt überstanden. Wir waren kreativ und haben immer eine Lösung gefunden. Die Kündigungsdrohung empfinde ich als großen Undank und Gleichgültigkeit gegenüber den, die angeblich geschützt werden sollen. Wenn alle im Kollegium, die sich nicht impfen lassen wollen, gehen, kann die Schule schließen und die Eltern und ebenso die Kinder sind in großer Not.
– Dorothea S.

Nr. 39 – 25. März 2022

Ab März 2022 werde ich nach über 30 Jahren wohl nicht mehr als Arzt arbeiten dürfen und werde rasch finanziell ruiniert sein. Meine Frau, ebenfalls Ärztin, wird dann auch nicht mehr arbeiten dürfen. Unser Sohn (23) wird dann keine abgeschlossene Ausbildung haben und wird als "Ungeimpfter" bald nicht mehr studieren können und keinen Beruf mehr erlernen dürfen. Meine Frau hat den Kommunismus erlebt und ist daher besonders alarmiert, aber auch voll Angst und

eingeschüchtert. Ich selbst bin völlig verzweifelt, denn ich habe in der HIV-Grundlagenforschung promoviert und mich dann noch viele Jahre mit Virologie befasst, hatte eigene Patente und war auch drei Jahre in einer kleinen Pharmafirma für die Arzneimittelzulassung verantwortlich, bevor ich 2004 wieder ans Patientenbett zurückgekehrt bin. Seit Beginn der "Pandemie" habe ich als CDU-Mitglied versucht, die Partei zur Korrektur ihrer Politik zu bewegen – vergeblich.
– Anonym

Nr. 38 – 24. März 2022

Als niedergelassener ungeimpfter Arzt für Allgemeinmedizin bedeutet eine Impfpflicht für mich die Schließung meiner großen Landarztpraxis. Schon jetzt nehmen die umliegenden Praxen keine Patienten mehr auf!! Ferner fallen damit in meiner Praxis neben dem meinigen sechs weitere Arbeitsplätze weg. Mein Sohn studiert Medizin und würde gerne meine Praxis übernehmen. Ein junger Mensch, der als Landarzt tätig werden möchte, angeblich fehlen ja Interessenten für diese Tätigkeit! Aber vielleicht erübrigt sich dieses Vorhaben sowieso, seine Uni will die 2G-Regelung verlangen ... – Axel S.

Kommentare auf Twitter zu Nr. 38

@Martina24272363 – 24. März
Antwort an @individ_impfen
Wo ist die Praxis. Sie wären mein Hausarzt, sofort.

@zaffaro – 25. März
Antwort an @individ_impfen und @norberthaering
Kann diese Situation sehr gut nachempfinden! Zumindest über sich selbst keine Meldung erstatten, wenn nötig Auskunft geben, auf langsam mahlende Mühlen des Systems hoffen. Aber insgesamt eine Schande daß dies allgemein so hingenommen wird!

@CharlotteUrban – 25. März
Antwort an @Martina24272363 und @individ_impfen
Ich würde auch kommen!

@FreddyKrger20 – 25. März
Antwort an @CharlotteUrban
@Martina24272363 und @individ_impfen
Ich komm mit 😄

@ITH3x3 – 25. März
Antwort an @FreddyKrger20
@CharlotteUrban und 2 weitere Personen
Hier, ich auch.

@spaeterrebell – 24. März
Antwort an @individ_impfen und @JMJ99897378
Ein wunderbarer Allgemeinarzt/Naturheilkunde hat diese Situation schon vor einem Jahr vorhergesehen und ist ausgewandert. Ihnen wünsche ich viel Kraft und alles erdenklich Gute 🍀

@ElaTrulla – 25. März
Antwort an @individ_impfen
Betretungsverbot trotz gefährdeter Versorgungssicherheit?

@Lotte20191 – 25. März
Antwort an @individ_impfen
Das ist eine Schande was in diesem Land passiert. Jeder gute Mediziner wird dringender denn je gebraucht. Landärzte umso mehr.

@PillePa78440303 – 25. März
Antwort an @individ_impfen
Es ist einfach unglaublich, was in diesem Land passiert.

@AnettH50267367 – 25. März
Antwort an @individ_impfen
Vielen Dank für Ihre Offenheit. Unser Gesundheitswesen wird an die Wand gefahren und leider nicht nur das.

> @johannawagner57 – 25. März
> Antwort an @individ_impfen
> Respekt für Ihre Standhaftigkeit!
> Von der Kommunalpolitik bekommen Sie wahrscheinlich auch keine Unterstützung.

> @Harry94334659 – 25. März
> Antwort an @individ_impfen
> Der BGM nimmt das billigend in Kauf. Lieber Versorgungsnotstand als ein völlig evidenzbefreites Gesetz zurückzunehmen.

Nr. 37 – 23. März 2022

Heuer sind es 40 Jahre geworden, dass ich in der Krankenpflege arbeite. Die ersten 20 Jahre auf verschiedenen Stationen im operativen Bereich (Chirurgie, Orthopädie, HNO, Augen), dann wechselte ich nach der Fachweiterbildung für die nächsten 20 Jahre in die Anästhesie. Ich würde auch liebend gerne die kommenden 10 Jahre bis zur Rente in diesem wunderschönen, wenngleich kräftezehrenden Beruf bleiben, aber nicht unter der Bedingung einer Impfpflicht. Ich habe vor 16

Jahren auf eine Hepatitis-Impfung sehr heftig und mit vielen Nebenwirkungen reagiert, das möchte ich nicht noch einmal erleben. Wenn ich mit einer Impfunfähigkeitsbescheinigung nicht weiterarbeiten darf, war's das für mich im medizinischen Bereich. Gesundheit ist nicht alles, doch ohne Gesundheit ist alles nichts.
– Michaela M.

Nr. 36 – 22. März 2022

Ich habe Philosophie, Kunst und Psychologie studiert und arbeite in der Kinder- und Jugendhilfe. Ich gehöre zu einer Risikogruppe, bin 60+, Asthmatikerin und habe eine weitere chronische Erkrankung. Ich bin bis jetzt nicht geimpft. Für mich ist es auch ein Risiko geimpft zu werden. Meine Kinder sind geimpft und auch meine restliche Familie bis auf eine weitere Person, die sich nicht impfen lassen möchte. Seit zwei Jahren bekomme ich mit, wie Kindern die Luft zum Atmen genommen wird. Die Wartelisten auf einen Therapieplatz sind in den Himmel gestiegen, und schon im letzten Sommer sagte mir eine Kinderkrankenschwester in der Kinder-und Jugendpsychiatrie, so etwas hätten sie noch nicht gehabt: „Es werden immer mehr." Wenn ich mich impfen lasse, dann weil ich das für mich so entschieden habe; ich bin eine Bürgerin. Demokratie bedeutet immer Diskurs und niemals Zwang, schon gar nicht auf dem Gebiet der körperlichen Unversehrtheit. – Simone M.

Nr. 35 – 21. März 2022

Ich arbeite seit fast 30 Jahren als Krankenschwester auf der Kinderonkologie. Ich bin keine Covid-Leugnerin, aber ich habe mehr Angst vor Impfnebenwirkungen als vor dem Virus. Was stellt der Impfstoff in meinem Immunsystem an? Triggert er meine Autoimmunerkrankung erneut? Nach meinen beiden letzten Impfungen 2017 und 2019 hatte ich Schübe in Fußgelenken und den Händen. Ich übernehme die Verantwortung für mich und meine Gesundheit. Das einzige, was an mir ansteckend ist, ist meine gute Laune, meine Liebe zum Menschen und meine Herzlichkeit. Damit begegne ich auch all denen, die sich berufen fühlen, mich zum Impfen zu überzeugen. – Beate S.

Nr. 34 – 20. März 2022

Ich arbeite als Krankenpfleger seit über 30 Jahren in einem der größten Krankenhäuser

Deutschlands in Vollzeit. Nach all den Jahrzehnten habe ich im Austausch meiner Kolleginnen und Kollegen ein aktuelles und realistisches Bild der derzeitigen Lage. Wir wissen nicht, wie viele Pflegekräfte aus dem Beruf gehen müssen, wenn sie sich nicht impfen lassen. Wir wissen nicht, wie viele Pflegekräfte sich nicht wieder impfen lassen und somit auch ihren Beruf verlieren. Wir wissen nicht, wie viele Pflegekräfte ihre Arbeitsleistung künftig noch diesem System zu Verfügung stellen werden. Was wir aber wissen, ist, dass wir nicht wiederkommen, wenn wir einmal aus dem Beruf ausgestiegen sind! Die fehlende Wertschätzung wie auch der unprofessionelle Umgang und die katastrophalen Arbeitsbedingungen lassen keinen anderen Schluss zu. Für uns Pflegekräfte ist eine berufsbezogene Impfpflicht ein Schlag ins Gesicht. – Anonym

Kommentare auf Twitter zu Nr. 34

@GesineZiesche – 21. März
Antwort an @individ_impfen
Gestern gefeiert- heute gefeuert. So ist das in Deutschland

@Alex22223975 – 21. März
Antwort an @individ_impfen und @Impf_Info
Ich bin auch im Gesundheitssystem tätig und sehe das genau wie sie.

@havvenopics – 21. März
Antwort an @Alex22223975 @individ_impfen und @Impf_Info
Ich bin raus seit letztem Jahr. Und keinen Tag zu früh.

@sterne111 – 21. März
Antwort an @individ_impfen
Komplett nachvollziehbar

@Norbert09076143 – 21. März
Antwort an @individ_impfen
korrekt! Lauterbach sollte sich mehr darum kümmern das die Arbeitsverhältnisse passen als geimpfte zu zählen!

Nr. 33 – 19. März 2022

In unserem Bereich der Ergotherapie ist es schwer, gute Mitarbeiter zu finden. Durch die aktuelle Situation wären wir gezwungen, auf unsere zuverlässigen Bürokräfte (sie haben keinerlei direkten Kontakt zu Patienten!) und auch eine Ergotherapeutin zu verzichten. Dies würde für die betroffenen Kolleg:innen Arbeitsplatzverlust bzw. Berufsverbot bedeuten. Es ist wahrscheinlich, dass ein Standort unserer zwei Praxen geschlossen werden muss. Die Warteliste ist lang. Die Sorge, durch die Zwangsimpfung Schäden zu erleiden, ist berechtigt. Wir sehen dies täglich in unseren Praxen und im privaten Umfeld.
– Michaela M.

Nr. 32 – 18. März 2022

Ich bin Medizinische Fachangestellte und das mit Leidenschaft und Liebe, obwohl wir null wertgeschätzt werden und ich zum Teil Diskriminierung am eigenen Leib erfahre, weil ich nicht geimpft bin und ich es auch nicht will. Ich habe eine Angststörung mit Panikattacken mit Therapie überwunden und es ging mit gut – bis jetzt!! Die ganzen Umstände und der drohende Verlust meines Jobs, wenn ich nicht geimpft bin, machen mich fertig und traurig. Es geht mir seit Wochen wieder schlecht. – Catharina S.

Nr. 31 – 17. März 2022

Mit 38 Jahren hatte ich mich im Oktober 2019 für eine Umschulung/Weiterbildung zur Arbeitstherapeutin/Arbeitserzieherin entschieden, ohne zu ahnen, dass Corona kommen würde. Ich habe 2 Jahre die Schulbank gedrückt, 2 Jahre an der Existenzgrenze gelebt, meine 11-jährige Ehe ging in die Brüche. Ich zog mit meinem kleinen Hund von einer 100qm-Wohnung in eine 38qm-Einliegerwohnung und hatte währenddessen noch einen Minijob von 8 Stunden in der Woche. Ich habe gekämpft, Abstriche gemacht, Homeschooling ertragen – für diesen tollen Beruf. Seit

Oktober 2021 arbeite ich in der Psychiatrie für Forensik und Menschen mit psychischen Erkrankungen, um dort mein Anerkennungsjahr zu machen. Auch jetzt habe ich noch finanzielle Einbußen, da ich eine Art "Lehrlingsgehalt" (die Hälfte des eigentlichen Verdienstes) bekomme. Diese ganzen Hürden habe ich gemeistert, um nun zu erfahren, dass alles vergebens war, wenn ich mich nicht impfen lasse. Jetzt stehe ich im Zwiespalt: Ich will weder meinen tollen Beruf (meine Berufung) noch meine Gesundheit noch meine Selbstbestimmung verlieren. – Tina R.

Nr. 30 – 16. März 2022

Ich bin seit 26 Jahren Physiotherapeutin, habe zwei Kinder alleine groß gezogen, war die ganze Zeit auch während der Pandemie für meine Patienten und Patientinnen jeden Tag da. Eine Impfpflicht bedeutet für mich, den Job zu verlieren und nicht nur wie bisher sozial gesellschaftlich isoliert zu sein und öffentlich diffamiert zu werden, sondern auch, daran gehindert zu werden, meinem Beruf nachzugehen, meinen Lebensunterhalt zu verdienen. Man nimmt mir die Existenz.
– Jana Kirsch

Nr. 29 – 15. März 2022

Wir sind ein Team von 22 Hebammen und begleiten ca. 1800 Geburten im Jahr. Acht unserer Hebammen möchten keine Impfung. Im ärgsten Falle würde das für uns Kündigung bedeuten. Das entzieht uns nicht nur unsere Existenzgrundlage und unseren geliebten Beruf, sondern das bedeutet gleichzeitig, dass die Geburtshilfe am Standort gefährdet ist bzw. teilweise nicht mehr stattfinden kann! Die meisten von uns sind schon seit über zwanzig Jahren mit unserer Klinik verbunden und möchten gar nicht gehen. So aber werden wir vor eine unmögliche Entscheidung gestellt. – Conny E.

Nr. 28 – 14. März 2022

Ich bin gelernte Operationstechnische Assistentin und arbeite seit fast 12 Jahren im Zentral-Op in einer Klinik. Ich liebe meinen Beruf, und es bricht mir das Herz, ihn ab März an den Nagel zu hängen, weil ich ihn ungeimpft nicht mehr ausüben darf. Ich bediene sechs Fachabteilungen in unserem Op und bin als Praxisanleiterin für unsere Azubis zuständig und bilde sie aus. Mit der Impflicht wird weiteres Personal fehlen im Op. Das heißt, weitere Op-Säle müssen geschlossen werden, weitere Operationen, die wichtig sind für die Patienten, werden abgesagt, verschoben und erfolgen zu spät. – Stefanie H.

Nr. 27 – 13. März 2022

Ich arbeite in einer Klinik. Auf meiner Station sind 14 Pflegekräfte mit unterschiedlichem Arbeitsumfang. Wir lieben unseren Beruf, wir möchten uns gerne weiterhin um die Patienten kümmern, ohne ausgegrenzt zu werden. Gestern habe ich meiner Pflegedienstleitung mitgeteilt, dass ich mich nicht impfen lassen werde. Es fielen unter anderem Sätze wie „Sie werden dann als Gesundheits- und Krankenpflegerin gesperrt und können dann nie wieder in Ihrem Beruf arbeiten" oder „überlegen Sie sich das gut, wenn dann die allgemeine Impfpflicht kommt, müssen Sie sich impfen lassen und stehen dann zusätzlich ohne Arbeite da". Ich bin fast nie krank, springe immer ein, wenn es nötig ist und bin in diesem Jahr 20 Jahre bei meinem Arbeitgeber. – Anonym

Nr. 26 – 12. März 2022

Ich bin Psychologische Psychotherapeutin und arbeite seit 18 Jahren in der Neurologie einer Akutklinik. Ich bin im März mit dem AstraZeneca

Impfstoff geimpft worden und habe sei der Impfung gesundheitliche Probleme. Ich möchte keine weitere COVID-Impfung, bin aber von meinem Vorgesetzten mit seinem Bedauern darüber informiert worden, dass ich Mitte März ohne Bezüge suspendiert werde, sollte ich bis dahin nicht weiter geimpft sein oder eine Impfbefreiungsbescheinigung beigebracht haben. Weitere nicht geimpfte Kolleginnen und Kollegen aus verschiedenen Bereichen der Klinik haben wegen dieses Drucks Existenzängste und Schlafstörungen.
– Anonym

Nr. 25 – 11. März 2022

Ich bin seit 1986 in "meinem" Krankenhaus als Kinderkrankenschwester tätig. Durch diese 35 Jahre auf der Kinderstation habe ich mein Immunsystem gestählt und lasse das durch eine Impfung nicht zerstören. Ich war in dieser langen Zeit so gut wie nie krank, habe durchweg in drei Schichten gearbeitet, bin immer eingesprungen, habe das gerne für meine Patienten gemacht und meine Familie immer hintenangestellt. Es zerreißt mir gerade das Herz. Ich habe ständig Tränen in den Augen, wenn ich an die Zukunft denke. Eigentlich habe ich erwartet, dass sich inzwischen auch die Klinikleitungen wehren, denn sie laufen ja sehenden Auges in die Katastrophe. Wenn wir es nicht schaffen umzukehren, möchte ich in dieser Gesellschaft nicht mehr leben. – Annette R.

Kommentare auf Twitter zu Nr. 25

@SarahScholz16 – 11. März
Antwort an @individ_impfen
Wow ich verstehe so gut

@CloudineWi – 12. März
Antwort an @individ_impfen
Liebe Kinderkrankenschwester - gönnen Sie sich die kurze verordnete Pause und seien Sie sich dabei sicher, dass unsere Gesellschaft genau solche Leute wie Sie dringend benötigt. Leute mit kühlem Kopf, besonnen und immungestärkt!

Nr. 24 – 10. März 2022

Ich bin seit 25 Jahren im Rettungsdienst tätig, habe bisher sehr vielen Menschen geholfen und mache meinen Beruf sehr gerne. Seit Beginn der Impfungen erlebe ich im Rettungsdienst einen Anstieg von Herzerkrankungen, Krampfanfällen und leider auch das vermehrte plötzliche Versterben vorher völlig gesunder Menschen. Ich habe mich ausreichend mit den Informationen zu den verschiedenen Impfstoffen beschäftigt und lehne eine Impfung für mich persönlich entschieden ab. Mit Einführung der Impfpflicht für medizinisches Personal stehe ich allerdings nun vor einer schweren Entscheidung. Verlust der Arbeit, Existenzangst oder doch impfen? – Stephan Bauer

Nr. 23 – 9. März 2022

Für meine berufliche Lebenssituation ist die Impfpflicht eine Katastrophe, da sie mich daran hindern könnte, hierzulande meinen geliebten Beruf auszuüben. Meine Existenz kann ich hoffentlich irgendwie anders sichern. Aber was ist mit meiner Berechtigung, meiner Berufung nachzugehen? – Ulrike G.

Nr. 22 – 8. März 2022

Ich bin psychologische Psychotherapeutin und betreue mit Leidenschaft ungefähr 22 KlientInnen. Darunter sind fünf, die immer wieder mit suizidalen Krisen kämpfen. Wir haben es bisher ohne Verluste durch diese schwierige Phase geschafft. Eine Impfpflicht verstößt gegen meine therapeutischen Prinzipien. Es dauert Jahre, Menschen zu heilen, die gegen ihren Willen Eingriffe – welcher Art auch immer – an ihrem Körper erlebt haben. Ich kann und möchte dieses Gesetz nicht unterstützen. Selbstbestimmung und die Unantastbarkeit des Körpers sind für mich zentrale Werte, die es zu schützen gilt. Insbesondere da die gefährdeten Gruppen durch die vorhandenen Impfstoffe und die Sicherheitsvorkehrungen in der Praxis sehr gut geschützt sind. Wir hatten bisher keinen einzigen Coronafall in unserer Praxis. – Anonym

Nr. 21 – 7. März 2022

Ich sehe mich gezwungen, meine Tätigkeit als Fachkraft für Gesundheits- und Krankenpflege auf der Intensivstation niederzulegen bzw. zu kündigen. Ich übe meinen Beruf seit 35 Jahren aus, 32 Jahre davon auf einer Intensivstation. Ich habe keine Ahnung, wie es finanziell weitergehen soll. Nur eines ist sicher: Erpressen lasse ich mich nicht!!!! – Doris B.

Kommentar auf Twitter zu Nr. 21

> @ALa197023 – 7. März
> Antwort an @individ_impfen
> In BaWü betrifft es auch Schulbegleiterinnen und Schulbegleiter. Wie soll das gehen, wenn einem Kind so plötzlich die Bezugspersonen fehlt, die überhaupt eine vernünftige Teilnahme am Unterricht ermöglicht? Am Ende entscheidet natürlich das GA. Kann man nur hoffen...

Nr. 20 – 6. März 2022

Ich bin 62 Jahre alt und Physiotherapeutin. Wenn ich mich nicht impfen lasse, bin ich ab 15.3.22

arbeitslos und bekomme für drei Monate kein Arbeitslosengeld, weil ich das Ausscheiden selbst verschuldet habe. Es wird schwierig sein, in meinem Alter eine andere Anstellung zu finden.
– Jutta Haupt

Nr. 19 – 5. März 2022

Für mich ist die Impfung nicht die Lösung des Problems. Ich bin im Moment in Elternzeit und baue mir gerade ein passives Einkommen auf, um unabhängig zu sein. Dass ich im Moment mit meinen Kindern weder in die Bücherei, noch ins Schwimmbad darf, macht mich unendlich traurig. Von Urlaub machen, essen gehen oder Skifahren mal ganz zu schweigen. Ich kann jetzt nicht mal mehr in Ruhe in einem Café stillen in dieser kalten Jahreszeit. Kann mit meiner Tochter keine Bücher ausleihen und nicht die ersten Schwimmübungen machen. Und das alles nach monatelangem Lockdown. Ihre Freundin darf das alles, deren Mama ist geimpft. – Annika

Nr. 18 – 4. März 2022

Als Leitung einer Kinderpsychiatrischen Klinik ist es besonders wichtig, Werte vorzuleben und eine Atmosphäre zu prägen, die gekennzeichnet ist durch Respekt, Vertrauen und Gewaltfreiheit. Die Bedürfnisse und Perspektiven für Kinder sind den Schutzmaßnahmen schon viel zu lange zum Opfer gefallen. Es muss endlich eine Binnendifferenzierung geben. Nicht alle Maßnahmen sind für alle Menschen mit demselben Risiko-Nutzen-Verhältnis verbunden. Bitte setzen Sie sich dafür ein, dass keine Impfpflicht kommt. Nicht für Pflegeberufe, nicht für Kinder und vor allem nicht mit so einem risikobehafteten und ineffizienten Impfstoff. – Anna V.

Nr. 17 – 3. März 2022

In der 3. und jetzigen Welle leite ich die Corona-Station und habe somit auch viel Kontakt mit der Krankheit. Bisher habe ich mich nicht infiziert. Ich bin ziemlich sauer auf viele geimpfte und geboosterte Kollegen, die ständig krank sind, für die ich einspringen muss. Täglich bekomme ich Krankmeldungen und als Leitung, die niemanden mehr hat, springe ich selbst ständig ein. Vor ein paar Tagen habe ich mitten im Dienst eine vorbildlich geboosterte, sonst gesunde Kollegin mit reanimiert, die mit Hirnblutung jetzt tracheotomiert ist. Eine weitere Kollegin hat seit der zweiten Impfung neurologische Ausfälle, wegen derer

sie heute in die Klinik eingeliefert werden musste.
– Kerstin H.

Nr. 16 – 2. März 2022

Ich bin Altenpflegerin und Stationsleitung in einem Pflegeheim, dort bin ich seit Beginn meines Berufslebens 2003 tätig. Immer standen für mich die Bewohner und auch Mitarbeiter an erster Stelle, was jahrelange Kämpfe mit der Einrichtungsleitung und Pflegedienstleitung mit sich brachte. Seit Monaten sehe ich wie Familienmitglieder mit Nebenwirkungen der Impfung kämpfen, meine Krebskranke Mutter will sich seit der zweiten Impfung gar nicht mehr erholen. Privat bin ich Mutter von zwei kleinen Kindern (2 Jahre und 4 Monate) und deswegen momentan in Elternzeit bis Sommer. Ich werde nicht in diesen Beruf zurückkehren, wenn es bei der Impfpflicht mit diesen in meinen Augen sinnlosen Impfstoffen bleibt. Diese ganze Situation hat für mich privat zur Folge, dass ich langsam wieder in Depressionen abrutsche. Und beruflich denke ich, dass diese Impfpflicht die Pflege lahmlegen wird! – Anonym

Nr. 15 – 1. März 2022

Ich bin seit 40 Jahren Krankenschwester und hätte bis zum offiziellen Renteneintritt noch 10 Jahre zu arbeiten. Ich habe meine Arbeit immer gerne gemacht, allen Widrigkeiten zum Trotz. Doch mit der angekündigten Impfpflicht werde ich voraussichtlich meine Tätigkeit in der Notaufnahme beenden müssen, auch wenn's schwerfällt. – Ulrike Kerler

Nr. 14 – 28. Februar 2022

Für mich bedeutet die Impfpflicht eine extrem schwere Entscheidung zwischen dem Aufgeben meiner wirklich geliebten Tätigkeit als Kinderärztin, der tagtäglichen beglückenden Begegnung Kindern und ihren Eltern und auf der anderen Seite dem Aufgeben meiner eigenen Integrität bezüglich meiner Gesundheit und Einstellung zur Gesundheit. Kann das richtig sein? – Dr. Katrin P.

Nr. 13 – 27. Februar 2022

Ich arbeite als Psychologin an einer Klinik. Meinem Auftrag zufolge unterstütze ich unsere Klienten dabei, mehr in ihre Autonomie zu kommen, Stress abzubauen, Selbstbestimmtheit und Vertrauen in sich und ihrer Umwelt zu erleben und schließlich sich selbst treu zu bleiben. Wie können Menschen gesunden, wenn sie Verrat an sich selbst ausüben müssen? Wie soll ich mit dem angeordnetem Zwang meine Arbeit machen? – Mona K.

Nr. 12 – 26. Februar 2022

Ich bin seit 33 Jahren Hebamme, seit 21 Jahren arbeite ich ganz freiberuflich, betreue Schwangere, Wöchnerinnen und ihre Familien in ihrer häuslichen Umgebung. Seit die Impfpflicht im Gespräch ist, überlege ich, eine längere Arbeitspause einzulegen, wenn nicht sogar ganz aus diesem geliebten Beruf auszusteigen. Dieser gravierende Schritt tut mir sehr leid, auch für all die Frauen, denen ich schon Betreuung zugesagt habe. Wir sind ja schon lange viel zu wenige und werden dringend gebraucht. Aber meine eigene Gesundheit steht nicht zur Disposition.
– Christina Z.

Nr. 11 – 25. Februar 2022

Für mich bedeutet die Impfpflicht, dass ich ab dem 16.3.2022 arbeitslos, ohne Einkommen und ohne Arbeitslosenhilfe sein werde, da selbstständig (Heilpraktikerin). Ich hatte schon Gedanken an Selbstmord und Auswanderung ... – Deborah M.

Nr. 10 – 24. Februar 2022

Ich bin gelernte Gesundheits- und Krankenpflegerin sowie gelernte Physiotherapeutin. Ab 15.3.22 kann ich keinen meiner beiden gelernten Berufe mehr ausüben. Ich liebe meinen Job. Meine Existenz steht auf dem Spiel, ebenso die Zukunft meiner Kinder. Ich habe das Gefühl, nicht mehr als Mensch wahrgenommen zu werden, sondern nur noch als Objekt, dass sein Job macht. Es ist so kalt zwischen den Kollegen geworden. Wir sind 5 Mitarbeiter, die impffrei sind. Davon werden vier sicher durchhalten. Wir haben uns auch schon arbeitssuchend gemeldet. – Hanna Schmidt

Nr. 9 – 23. Februar 2022

Ich (62) arbeite als Erzieherin im Kindergarten und bin 62 Jahre alt und hatte mich für die Impfung entschieden. Nach der zweiten Impfung mit BionTech hatte ich massive Nebenwirkungen, unter anderem eine Perimyokarditis mit Perikarderguss, die als „Impfbegleitreaktion" diagnostiziert wurde. Es war eine überschie-ßende Immunreaktion ... Ich war sechs Wochen krankgeschrieben und konnte nur stufenweise wieder in meine Arbeit einsteigen. Der Kardiologe diagnostizierte bei einer Kontrolluntersuchung nach vier Wochen eine Herzinsuffizienz 1. Grades. Ich hatte davor nie was am Herzen! In unserem Kindergarten würden mindestens zwei Erzieherinnen aufhören, wenn es eine Impfpflicht geben wird, wir haben jetzt schon Erziehermangel und arbeiten am Limit. – Rosa R.

Nr. 8 – 22. Februar 2022

Ich bin seit 38 Jahren in der Medizin tätig und habe niemals solch eine unverantwortliche Vorgehensweise erlebt. Ich liebe meine Berufung, denn mir liegt die Gesundheit der Menschen am Herzen. Leider darf ich das nicht mehr ausführen ab März 22. Aber erpressen lasse ich mich nicht. Wieder eine Existenz zerstört. – Sabine Hacker

Nr. 7 – 21. Februar 2022

Ich habe vor mehr als 15 Jahren als Ergotherapeutin in einer psychiatrischen Klinik in Norddeutschland meine berufliche Laufbahn begonnen. Im Laufe der Jahre habe ich viele

Weiterbildungen gemacht. Ich bin Kunsttherapeutin geworden, habe mich im Bereich Trauma und Essstörungen spezialisiert und arbeite nun schon seit 9 Jahren in der Psychosomatik. Ich helfe anderen Menschen dabei, ihre schwersten Lebenskrisen zu bewältigen, bin für sie da, wenn sie weder ein noch aus wissen, blicke tief mit ihnen in ihre Vergangenheit, gebe ihnen Halt in der Gegenwart und helfe ihnen, ihre Zukunft zu erträumen. Diese Menschen können bei mir ihre verlorengegangenen Fähigkeiten neu entdecken und beim Musizieren oder Malen ganz neue Fähigkeiten entdecken. Bei mir dürfen diese Menschen lernen, dass sie so, wie sie sind vollkommen richtig sind. Mit allen Ecken und Kanten.

Doch seit geraumer Zeit gibt es eine Gruppe von Menschen, für die ich plötzlich unsolidarisch bin. Allein aus dem Grund, dass ich Angst davor habe, mir eine Substanz spritzen zu lassen, deren Wirkung ich nur ansatzweise nachvollziehen kann und von deren Risiken ich in den letzten Monaten so viel gehört habe, dass es mich fassungslos macht, dass sich ein großer Teil der Menschen um mich herum wieder und wieder diese Substanz spritzen lässt. Mir wird der Nutzen nicht klar, wo ich doch auch als geimpfter

Mensch andere anstecken kann und ich selbst lieber eine Infektion durchmachen würde um natürliche Immunität gegen Corona zu erlangen. Aber ich darf nun wohl nicht mehr über meinen eigenen Körper bestimmen. – Daniela W.

Kommentare auf Twitter zu Nr. 7

@WhawhaWue – 21. Feb.
Antwort an @individ_impfen
Mir gehts genauso. Wenige ambulante Patienten, in der Psychotherapeuten-Ausbildung, stille meine Tochter noch, bin noch ungeimpft.

@MIGO_Offiziell – 21. Feb.
Antwort an @WhawhaWue und @individ_impfen
Ich bin selbstverständlich auch gegen die einrichtiungsbezogene Impfpflicht. Aber ich glaube tatsächlich, dass es sich schon bald auch lohnen wird, sich direkt als Psychotherapeutin selbstständig zu machen. Wir werden nicht mehr hinterherkommen.

@WhawhaWue – 21. Feb.
Antwort an @MIGO_Offiziell und @individ_impfen
Das lohnt sich schon lange, leider gibt es viel zu wenige Kassensitze, so dass viele Menschen mit Leidensdruck keinen Therapieplatz bekommen oder ewig darauf warten müssen.

@MIGO_Offiziell – 21. Feb.
Antwort an @WhawhaWue und @individ_impfen
Vorallem treffen die Maßnahmen, die hart auf die Psyche schlagen in dieser Pandemie eh eher Leute, die sich keine Therapie abseits der Krankenkasse leisten können...

Nr. 6 – 20. Februar 2022

Ich mache gerade die Ausbildung zur Psychologischen Psychotherapeutin und falle daher unter die berufsbezogene Impfpflicht. Ich arbeite Teilzeit und habe pro Woche (keinen körpernahen!) Kontakt zu 6 Patienten, das sind sicher deutlich weniger Kontakte als andere Menschen im

Arbeitsleben haben. Den Rest der Zeit betreue ich meinen fast einjährigen Sohn, den ich noch häufig stille. Das Stillen ist einer der Gründe, weshalb ich nicht geimpft bin. Heute habe ich diesbezüglich mit meiner Frauenarztpraxis telefoniert und die Auskunft erhalten, es gebe noch keine einzige Studie dazu, ob eine Impfung der Mutter dem Stillkind schaden könnte. Mir wurde geraten, entweder den Beruf aufzugeben, oder vorsichtshalber abzustillen. Beides ist keine Option für mich, deshalb bin ich einem riesigen Dilemma und fühle mich vollkommen hilflos und machtlos. Es ist eine Sache, wenn man Erwachsene zwingt, sich diesem neuen Impfstoff auszusetzen, aber noch viel schlimmer ist es, wenn dadurch auch noch ein unschuldiges, kleines Wesen potenziell gefährdet wird. – Anonym

Nr. 5 – 19. Februar 2022

Diese Impfpflicht kommt für mich einer Vergewaltigung gleich. Ich habe 14 Jahre lang Missbrauch erlebt. Ich weiß, was es bedeutet, zu etwas gezwungen zu werden. Ich möchte es nie mehr erleben.
– Ines R.

Nr. 4 – 18. Februar 2022

Ich werde durch die Impfpflicht meinen Job (Physiotherapeut) und eine wichtige Lebensgrundlage verlieren und möglicherweise in Hartz 4 oder Obdachlosigkeit abrutschen.
– Matthias-Benedikt Krause

Nr. 3 – 17. Februar 2022

Wer fragt nach dem Jungen, der knapp dem Tode entrann, wer fragt nach dem Frühchen, das morgens dank mir sein Leben begann, wer fragt nach dem Reanimierten, der nun seit langem noch lebt, wer fragt nach dem Toten, dem ich in letzter Stunde die Hand gehalten – und nun bin ich gefährlich????? Nur weil ich auch Angst habe und Zusammenhänge nicht erkennen kann, und weil ich das System besser kenne als viele andere, und weil ich genug habe vom Klatschen vom Balkon und aufmunternden Worten. Immer knapp an der Armut vorbei, in allen Schichten, auch wenn andere die Freizeit genossen, dann war ich dabei und die Kinder allein zu Hause, und nun bin ich nicht mehr solidarisch. Das Maß ist voll. Dann schmeißt mich auf den Müll, ich habe meine Schuldigkeit getan, Herr Scholz, Herr

Lauterbach – Ihre Politik ist ein Schlag ins Gesicht derjenigen, die dieses Land am Leben halten.
– Annett Z.

Nr. 2 – 16. Februar 2022

Ich habe viel mehr Sorge, dass bei mir die sogenannte Impfung irreversible Veränderungen in meinem Immunsystem und Körper verursacht als Angst vor einer Corona-Erkrankung. Ich empfinde die jetzigen Maßnahmen als unerträgliche Drangsalierung, wie ich sie mir bisher nur in einem totalitären Staat vorstellen konnte. Ich bin mein Leben lang ein rechtschaffener, verantwortungsbewusster, sozial und ökologisch engagierter Mensch und werde nun plötzlich kriminalisiert. Ich habe in einem SBBZ für geistige Entwicklung (früher hieß das „Sonderschule für geistig Behinderte") in einer absoluten Krisensituation die Geschäftsführung übernommen. Ob ich damit von der Impfpflicht direkt betroffen bin, kann ich dem Wortlaut des Gesetzes nicht entnehmen. Sollte es aber so sein, müsste ich diese Aufgabe abgeben und die Schule wäre in einer akuten Krise ohne wirtschaftliche und organisatorische Leitung. Mir selbst würde das Herz

bluten, sie sich selbst zu überlassen, aber ich werde mich deswegen nicht impfen lassen.
– Klaus P.-J.

Nr. 1 – 15. Februar 2022

Ich bin Erzieherin in einer Kindertagesstätte in Thüringen, wir sind 20 Kolleginnen, davon 9 ungeimpft, die es auch gern bleiben wollen. Seit Monaten wird uns das Leben schwer gemacht, die Spaltung in der Gesellschaft überträgt sich 1:1 in den Kollegenkreis. Das Klima ist gedrückt, das Thema täglich gegenwärtig. Schätzungsweise werden mindestens 6 Kolleginnen ihren Job nicht weiter ausführen können, d. h. sich auf keinem Fall dem Druck beugen. Zukunftsängste, finanzielle Ängste, teilw. depressive Verstimmungen, Unmotiviertheit, Angst vor Arbeitslosigkeit oder Sorge, sich einen Job suchen zu müssen, der einem nicht liegt – ungelernt, seinen Job im öffentlichen Dienst aufgeben müssen, den man jahrelang gut und gern gemacht hat. Die Kinder zurücklassen, die dir als enge Bezugsperson vertrauen, dich mögen – das bricht einem das Herz. Die Katastrophe ist vorprogrammiert. Und das nur, weil wir die Risiken für unsere Entscheidungen selbst abwägen möchten, weil wir immer noch an einen Rechtsstaat mit gültigem Grundgesetz glauben wollen. Die Impfpflicht wäre für mich eine Maßnahme, die mein Bild von Würde, Gerechtigkeit, Verhältnismäßigkeit, Freiheit und Demokratie komplett zerstören würde. Was ist nur aus diesem Land geworden? – Daniela S.

Wie geht es den Betroffenen heute?

Die in diesem Buch festgehaltenen Schicksale wurden uns von Dezember 2021 bis Februar 2022 zugeschickt. Dementsprechend schreiben die Verfasser zeitgemäß aus der Perspektive vor Inkrafttreten des Gesetzes am 16. März 2022. Ergänzend dazu wollten wir wissen, wie sich die Situation für Betroffene weiterentwickelt hat. Wurden Bußgelder und Betretungsverbote ausgesprochen? Haben diese Menschen ihrem geliebten Beruf den Rücken zukehren müssen? Und ist nun nach Auslaufen des Gesetzes eine Rückkehr in das Gesundheitswesen denkbar? Um diese Fragen zu klären, haben wir nachgefragt. Die Antworten sind in der Nummerierung den jeweiligen Geschichten zugeordnet, um auch das Original nachlesen zu können. Wir möchten uns an dieser Stelle noch einmal dafür bedanken, dass wir diese bewegenden Nachberichte veröffentlichen dürfen.

Wie ging es weiter in der Geschichte Nr. 304?

Nachdem mir der Druck zu gross wurde und ich mich dadurch immer schlechter fühlte - über Nacht und willkürlich endete auch noch mein Genesenenstatus - musste ich eine Entscheidung treffen: für eine einmalige Impfung Ende Januar, weil ich den Stress und Druck nicht mehr aushalten wollte; in der Hoffnung, das die Impfnebenwirkungen für mich weniger schädlich ausfallen als die Auswirkungen des Stresses und der Unsicherheit. Wohlwissend, dass die grosse Mehrheit der hochbetagten, mehrfach vorerkrankten Menschen in meinem beruflichen Umfeld primär von der Impfung zu profitieren scheinen, hatte ich das starke Gefühl, keine Impfung (nach durchgemachter Infektion) zu benötigen (43 Jahre und gesund), zumal in meinem direktem Umfeld zwei schwere Komplikationen nachgewiesen wurden (Perikarditis, 47 J, Lungenembolie, 52 J). Meine Berufe aufzugeben war für mich die schlechteste Option. Rückblickend bin ich sehr ernüchtert und ratlos, ob der Ignoranz, Unwissenheit oder Gleichgültigkeit vieler Verantwortlicher (Arbeitgeber, Hausärzte, Gesundheitsministerium) – mein Vertrauen hat grossen Schaden genommen. Seitdem „laufe ich unter dem Radar" und habe aktuell sicher nicht vor, mich ein weiteres Mal impfen zu lassen, auch (und erst recht nicht) wenn es immer noch empfohlen und propagiert wird.

Vielen Dank für die tolle Arbeit Ihres Vereins, danke für die wertvollen Informationen, und Fakten, die mir Mut und Kraft gegeben haben, diese komplizierte Zeit zu überstehen!

Wie ging es weiter in der Geschichte Nr. 274?

Es freut mich, daß meine Geschichte bei ihnen gut angekommen ist, ich habe mich nicht impfen lassen und möchte auch in Zukunft über mich und meinen Körper selbst bestimmen. Ich bin immer noch gesund, während um mich alle anderen krank sind, oder nach der dritten Impfung so schlimm krank wurden, dass sie dadurch Long-Covid entwickelten. Nebenbei hat sich gezeigt, dass meine Entscheidung richtig war, da sich nach und nach zeigte, dass die Übersterblichkeit deutlich angestiegen ist und auch die Impfschäden bzw. Nebenwirkungen nicht mehr zu leugnen sind. Der Effekt der Impfung scheint mir fragwürdig, da soviele an Corona erkrankten und das teilweise massiv, außer mir.

Ich bin froh, mich durch gekämpft und auf vieles verzichtet zu haben, denn was mit Langzeitschäden noch kommt, kann niemand vorher sagen. Mir tut es leid um die, die vertraut haben und nicht mehr unter uns sind, oder an den Folgen leiden müssen.

Wie ging es weiter in der Geschichte Nr. 259?

Die Impfpflicht wirkte bedrohlicher, als sie es im Endeffekt war - durch gemeinsames Zusammenstehen und politisches Engagement konnten alle ungeimpten Hebammen im Geburtshaus weiterarbeiten - und ich habe nach einigem "Papierkrieg" mit dem Gesundheitsamt offiziell die Erlaubnis bekommen, ungeimpft weiterzuarbeiten. Ich fühle mich gestärkt und ermutigt in meiner Entscheidung, mich nicht impfen zu lassen.

Ich musste in der Zeit der Impfpflicht einiges für Kolleginnen, die nicht so viel "Glück" hatten, auffangen und ich habe deutlich mehr Frauen und Familien betreut, deren Hebammen durch die Impfpflicht nicht arbeiten durften.

Ich werde nächstes Jahr fröhlich ungeimpft weiter meinem Traumberuf nachgehen und hoffe, dass auch bald die Impfungen in der Schwangerschaft gestoppt werden, die meiner Erfahrung nach viel Schaden anrichten und wir uns nie wieder mit einer solchen Impfpflicht auseinandersetzen müssen.

Wie ging es weiter in der Geschichte Nr. 249?

Die einrichtungsbezogene Impfpflicht läuft Ende 2022 aus und irgendwann war für mich abzusehen, dass ich weiter in meiner Praxis arbeiten darf. Nicht, dass ich persönlich eine Antwort bekommen hätte, nachdem ich drei DIN A4-Seiten zur Risikoarmut und Hygienemaßnahmen in meiner Praxis ans Gesundheitsamt geschickt hatte, doch immerhin kam dann kein Betretungsverbot und irgendwann war die Sache klar. Lange habe ich einfach von Tag zu Tag weiter gearbeitet, machte mir nicht allzu viele Sorgen, kenne jedoch viele KollegInnen, die schlaflose Nächte hatten und sich um ihre Existenz sorgten. Eine gewisse Enttäuschung in unsere staatlichen Gesundheitsorgane bleibt mir wegen vieler Ungereimtheiten zurück, z. B. während mir faktisch ein mindestens vorübergehendes Berufsverbot drohte, obwohl ich COVID-19 gar nicht behandeln darf und und ich erkälteten Menschen den Zutritt in meine Praxis verbieten musste, konnte man im Supermarkt nebenan längst schon wieder erkältet und hustend ohne jegliche Beschränkung einkaufen gehen, mit erheblich höherem Infektionsrisiko, als wenn man in meine Praxis gekommen wäre. Die „Pandemie der Ungeimpften" (Frank U. Montgomery) klingt wohl langsam ab, mein Frust über all die Verunglimpfungen ebenfalls, und ich werde einfach weiter arbeiten – weiterhin ohne Patienten über meinen persönlichen Impfstatus zu informieren.

Wie ging es weiter in der Geschichte Nr. 197?

Ich hatte sehr viel Glück, dass in meinem gewählten Beruf als Tagesmutter keine Impfpflicht durchgesetzt wurde. Allerdings war ich am Anfang sehr unruhig, ob sie noch eingeführt wird oder nicht.

Wir haben extra für die Kindertagespflege ein Haus gekauft und alles für die Bedürfnisse der Kinder umgebaut. Daher wäre es finanziell eine Katastrophe gewesen, wenn die Impfpflicht gekommen wäre. Bei meinem Bruder, der Physiotherapeut ist und auch nicht geimpft ist, war es jedes Mal ein Auf und Ab der Gefühle, wenn sein Genesenstatus abgelaufen ist. Obwohl er aufgrund seines Herzproblems ein Attest von seinem Arzt bekommen hat, das er nicht geimpft werden darf, war er immer in einer Rechtfertigungssituation. Dieses Stigma, was wir Ungeimpften erhalten haben, werden wir nicht mehr vergessen und es hat uns sehr geprägt.

Wir hinterfragen nun deutlich mehr.

Wie ging es weiter in der Geschichte Nr. 172?

Ich, exam. Altenpfleger, 61 Jahre alt und in Mainz lebend bin raus aus dem falschen System.

Ich will kein ungerechtes Gesundheitssystem mehr mit meiner Fachlichkeit unterstützen. Ich habe zum Glück und das noch in meinem Alter eine Stelle bei einem Einzelhändler gefunden, davor und kurz nach meiner Kündigung (zum Ende März 2022) konnte ich mich ab Mai finanziell durch den Verkauf von Spargel und Erdbeeren über Wasser halten. Im Heim stand ich mit meiner Meinung fast alleine da, habe nur ängstliche Kollegen erlebt. Mein Heimleiter war ein Ja-Sager mit Scheuklappen und hat alles geglaubt, was die Regierung uns über die Medien zum Thema Corona mitzuteilen hatte. Er hat sich auch überhaupt nicht für uns zwei ungeimpfte Mitarbeitern eingesetzt – passiv, wie so viele. In der Stadt konnte ich im Frühjahr nur noch zum Buchhändler einkaufen gehen und mein Friseur hat mir über seine Chefin ausrichten lassen (wie feige muss man sein), dass er mir als Ungeimpfter nicht mehr die Haare schneidet. Und das, obwohl er genau wusste, dass ich Altenpfleger bin. Wie unbewusst sind doch so viele Menschen, sie hinterfragen nicht. Wir alle wollen doch eine bessere und gerechtere Welt, aber dann müssen wir erst mal bei uns anfangen.

Wie ging es weiter in der Geschichte Nr. 41?

Wenn ich an die Corona-Zeit denke, die für mich noch nicht wirklich vorbei ist, obwohl die einrichtungsbezogene Impfpflicht Ende dieses Jahres ausläuft, da fallen mir eine Menge schlafloser Nächte, Ängste, Gefühle von Verzweiflung und Hoffnungslosigkeit ein. Da fallen mir faschistoide Äußerungen von Politikern und Leitmedien ein, aber auch von Juristen, Ärzten, Wissenschaftlern, Ethikern ... Menschen, die vorgaben, weltoffene Demokraten zu sein, haben unser Grundgesetz an entscheidenden Stellen außer Kraft gesetzt, haben gelogen, den Menschen Angst gemacht, die gesellschaftliche Spaltung weiter vorangetrieben ...

Meine Corona-Geschichte ist auch und vor allem eine Geschichte der Suche nach Verbundenheit, nach Hoffnung, Wahrheit und am wichtigsten vielleicht - Liebe. Die Auseinandersetzung mit Nachrichten, Studien etc., mit dem Getöne in den Leitmedien führten mir auch vor Augen, wie wenig ich selbst zur Liebe fähig bin, wenn ich bedroht werde oder mich bedroht fühle, wenn Menschen uns Ungeimpfte aus ihrer eigenen Angst,

281

Gier oder Haß heraus als unsozial bezeichneten und uns ausgrenzten und diffamierten. Es war sicher, daß ich mir diese Impfung nicht würde geben lassen, obwohl wir dadurch etwas von unserem Wohlstand, unsere berufliche Existenz hätten verlieren können.

Wir haben hier eine lokale Gruppe impfkritischer Kolleginnen und Kollegen verschiedener Fachrichtungen, psychotherapeutisch Tätige und Heilpraktiker sind auch dabei. Dieser Kreis wächst immer noch und es ist gut, auch vor Ort nicht allein zu sein. Aus diesem Kreis entstanden verschiedene Aktivitäten, die sich einreihen in das große Bemühen verschiedener Kräfte gegen diese Impfpflicht, gegen die seelenlose Medizin, die Gewinn über Patientenwohl stellt und zunehmend auch für etwas Neues, ein besseres Zusammenleben, bessere Strukturen im Gesundheitswesen und der Gesellschaft. Da wir, wie wir verschiedentlich selbst erfuhren, weder von der Politik noch von den Gremien der Ärzteschaft irgendeine Unterstützung in dieser Richtung erwarten können, bilden wir neue Strukturen von Zusammenarbeit der verschiedenen Bereiche im Gesundheitswesen nach unseren Möglichkeiten einfach selbst. Und ähnliche Projekte entstehen ja derzeit an vielen Stellen und Bereichen im Land und auch weltweit. Corona war dafür auch eine Art Katalysator.

Geholfen haben mir natürlich auch meine Frau, meine Familie und Freunde. Es gab auch einen Abschied, aber der Großteil der Verbindungen hat trotz unterschiedlicher Meinungen zur Impffrage diese Prüfungen bisher überstanden.
Ich glaube nicht, daß meine Kraft gereicht hätte, diese Krisen allein zu bewältigen.
Ein Teil des Stromes von Menschen zu sein, die ähnlich bemüht sind, ähnliche Ziele verfolgen und die andere frei und eigenverantwortlich entscheiden lassen können, ist ein starkes und sehr warmes Gefühl.

Wie ging es weiter in der Geschichte Nr. 38?

Ich möchte zunächst von einem sehr, sehr positiven Erlebnis in dieser Sache berichten. Es geht dabei um mein zuständiges Gesundheitsamt in Marburg/Lahn. Im August diesen Jahres hatte ich von diesem Amt eine Einladung zur Impfberatung erhalten. Was ich dort erleben durfte, war unsagbar positiv. Ein wirklich sehr verständnisvolles Gespräch und in keinster Weise von irgendwelchen Druck oder Zurechtweisungen geprägt. Gleiches habe ich von mehreren Betroffenen gehört. Hier noch mal ein ganz großes Dankeschön an dieses Amt.

Mein Sohn hat mit viel Aktivitäten alle nur möglichen "Trockenkurse" an der Universität vorgezogen. Jeder Kurs am Bett war ihm versagt. Aber noch etwas Positives, er ist Vater und ich Großvater geworden. Hier kommt mir jetzt aber doch noch bei meinen Gedanken an den Enkel etwas in den Sinn. Mehrere Länder haben die Zulassung für die Covid Impfung für unter 18-Jährige zurückgezogen, hier spricht man über eine Zulassung ab dem 6. Monat ... Es gäbe noch vieles zu erwähnen. So zum Beispiel eine Prämie für das

Verschreiben von dem oralen Medikament gegen Covid. Dieses Präparat darf sogar in den Praxen bevorratet werden. Ein Novum in Deutschland! Ein Dispensierrecht, was vehement bisher verhindert wurde. Das negativste Erlebnis hatte ich von einer „Einrichtung" erfahren müssen, bei der ich am Wenigsten damit gerechnet hätte. Der Kontakt in meiner Not mit dem Hessischen Hausärzteverband. Als ich jetzt, durch Ihre Mail initiiert, diesen Schriftverkehr wieder aufrief, da verschlug es mir erneut die Sprache. Ich konnte mich nicht eines Globusgefühles erwehren. Ich hatte meine Situation geschildert. Drohende Praxisschliessung, Arbeitsplatzverlust für mein Personal und die Problematik im Studium meines Sohnes. Die Reaktion: Auf Grund der Gesetzeslage könne man nichts dagegen tun. Lediglich wurde mir mitgeteilt, dass man hoffe, dass meine geimpften Mitarbeiterinnen schnell einen neuen Arbeitsplatz und meine Patienten einen neuen Hausarzt finden werden. Ferner, dass ich und mein Sohn vielleicht einen neuen Impfstoff finden würden, der konveniert ...

Wie ging es weiter in der Geschichte Nr. 12?

Ich freue mich, von ihnen zu lesen ... Wie meine Geschichte weitergeht: Ich werde tatsächlich ein halbes Jahr Auszeit nehmen nächstes Jahr. Ich freue mich riesig darauf, dass sich dieser Wunsch realisieren lässt. Diese Zeit möchte ich für mich auch nutzen, um in Ruhe über meinen weiteren Weg nachzudenken. Bisher arbeite ich einfach weiter. Das zuständige Gesundheitsamt hat uns einfach in Ruhe gelassen und bei uns Freiberuflerinnen nie nachgefragt. Darüber bin ich sehr dankbar. Ich bin vernetzt mit mindestens 20 Kolleginnen in meiner Region (Landkreis Osterholz / Bremen) ... Wir haben uns unaufgefordert auch nie gemeldet. Mit großer Sorgen sehe ich, wie fast alle Schwangeren unter großer Erschöpfung leiden und ständig krank sind ... Mehr als sonst leiden unter Anämie.

Ich bin natürlich sehr erleichtert, dass die einrichtungsbezogene Impfpflicht ausläuft. Es macht mich auch ein bisschen stolz – auf mich, auf alle, die wir gemeinsam, jeder für sich – NEIN gesagt haben und uns nicht von diesem Wahnsinn haben beirren lassen. Wir ungeimpften Menschen sind doch gerade die, die das Gesundheitswesen mit am Laufen halten. Ich bin die ganze Zeit nie krank gewesen.

Trotzdem weiß ich nicht genau, wie es weiter gehen wird. Wachsam werde ich beobachten, wie es weiter geht, was für Möglichkeiten sich zeigen.

Über meinen „Freiraum" der Freiberuflichkeit bin ich sehr froh. Was es bedeutet, angestellt zu sein, ist mir seit der Pandemie noch mal ganz anders bewusst geworden.

Wie ging es weiter in der Geschichte Nr. 11?

Ja, wie ging es für mich weiter?! Patienten blieben weg, da ich von Mai bis Anfang August keinen Nachweis erbringen konnte, geimpft oder genesen zu sein, meine Praxis in dieser Zeit geschlossen war. Nachdem ich dann endlich mein Genesenen-Zertifikat in Händen hielt, kamen natürlich längst nicht mehr alle Patienten in die Praxis zurück. Desweiteren wollten Patienten teilweise meine Praxis-Rundbriefe nicht mehr bekommen, weil sie zu dem Thema Corona/Impfung gegen das Corona-Virus keine Infos von mir wollten. Mit meinen erwachsenen Kindern erging es mir ähnlich, auch sie wollten keine Diskussionen oder Infos von mir zum Thema; es kam zu heftigen Auseinandersetzungen dies bezüglich. Freundschaften gingen in die Brüche... Dabei wollte ich mit meiner Aufklärungsarbeit einzig und alleine die Menschen meines Umfeldes davor schützen, sich unüberlegt gesundheitlich zu schädigen. Die Soforthilfe, die uns der Staat unkompliziert gewährt hat, musste ich vollständig zurückbezahlen. Finanziell ein absolutes Fiasko, nachdem zuerst die Schüler wegblieben (Lockdown-Folgen, Folgen von „notwendiger Kontakteinschränkung" wegen älterer oder kranker Angehörigen, etc. – und später die Patienten). Alles in allem zähle ich mich somit zu den Corona-Opfern. Nein, nicht weil meine Infektion nachhaltig meine Gesundheit in Gefahr gebracht hätte, aber wirtschaftlich, familiär und insgesamt sozial.

Was mir über diese Zeit hinweg geholfen hat, waren die Kontakte zu anderen Ungeimpften, natürlich mein Mann (der für 2 Tage, in denen er aufgrund Corona-Infektion auch kein Homeoffice machen konnte, keinen Lohn erhielt), der die ganze Zeit über voll hinter mir stand und bis heute steht, die Zeit mit meinen Tieren, denen das Corona-Thema nichts anhaben konnte...

Was mir Hoffnung gab, waren die Telegram-Gruppen (und die Rechtsanwälte, die dort täglich mit uns Kontakt hielten). Es war eine schreckliche Zeit für mich, die bis heute gesundheitlich aufgrund all der Sorgen und dem Stress rund um das Thema, sozial und nicht zuletzt wirtschaftlich ihre Folgen zeigt.

Wie ging es weiter in der Geschichte Nr. 6?

Da es für mich keine Option war, meine Ausbildung zur Psychotherapeutin abzubrechen und meine Ausbildungsstätte zunächst sehr streng auf die Einhaltung der Impfpflicht achtete (Es gab moralisierende Erinnerungsmails und ein Betretungsverbot für ungeimpfte Behandler in der Ambulanz, in der ich Patienten behandle), habe ich mich zweimal impfen lassen. Trotz beschwichtigender Aussagen von manchen Seiten habe ich nach der Impfung jeweils für ca. 10 Stunden mein Kind nicht gestillt, sondern Milch abgepumpt. Außerdem habe ich mich homöopathisch und mit einer naturheilkundlichen Methode begleiten lassen, um das Immunsystem zu stärken. Mein Kind und ich haben alles ohne offensichtliche Komplikationen oder Nebenwirkungen überstanden.

Nun läuft die Impfpflicht bald aus und eigentlich hätte ich mich inzwischen ein drittes Mal impfen lassen müssen. Merkwürdigerweise verliert meine Ausbildungsstätte inzwischen kein Wort mehr über das Thema, sodass ich die ganze Zeit einfach gehofft habe, dass die Impfpflicht nicht verlängert wird und ich die letzten paar Monate nicht auffalle. Mit dieser Strategie scheine ich Erfolg gehabt zu haben. Trotzdem finde ich es immer noch unglaublich schade, in so eine Position gebracht worden zu sein.

ÄRZTINNEN UND ÄRZTE FÜR INDIVIDUELLE IMPFENTSCHEIDUNG

Unser Wissen
für Ihre Entscheidung.

Im Verein „Ärztinnen und Ärzte für individuelle Impfentscheidung e. V." verbinden sich Ärztinnen und Ärzte verschiedenster medizinischer Fach- und Therapierichtungen, kultureller Zusammenhänge und Herkunftsländer.

Gemeinsam mit Kolleginnen und Kollegen weltweit sehen wir uns der **Genfer Deklaration des Weltärztebundes von 2017** verpflichtet. Deren Forderung nach Respekt vor der Autonomie und Würde der Menschen, die unsere ärztliche Expertise und Hilfe suchen, ist der leitende Grundsatz unseres ärztlichen Handelns.

Wir sehen **Schutzimpfungen grundsätzlich als Bestandteil ärztlicher Vorsorge und als Pfeiler moderner Krankheitsprävention**. Unsere

Ansprüche an die Wirksamkeit und die Sicherheit von Impfstoffen müssen besonders hoch sein, da Impfungen als präventive Maßnahmen an Gesunden angewendet und oft für ganze Bevölkerungsgruppen empfohlen werden.

Wir sehen uns der **evidenzbasierten Medizin (EbM)** verpflichtet und beziehen als Ärztinnen und Ärzte sowohl wissenschaftliche Studien (externe Evidenz) als auch unsere ärztliche Erfahrung (interne Evidenz) sowie Werte und Vorstellungen der Patientinnen und Patienten (Präferenzen) in unsere Beratungs- und Entscheidungsprozesse mit ein. Das Fehlen hochwertiger externer Evidenz bei vielen Fragen des Impfens ist uns schmerzlich bewusst. Daher fordert der Verein hier notwendige Forschung ein, regt selbst Forschungsvorhaben an und beteiligt sich an diesen.

Wir sehen es als unsere Aufgabe, das **vorhandene Wissen und Nicht-Wissen über Impfungen** unseren Kolleginnen und Kollegen, Patientinnen und Patienten sowie Ratsuchenden bestmöglich wissenschaftlich und unabhängig verfügbar und verständlich zu machen, um eine individuelle und verantwortungsvolle Impfentscheidung nach umfassender und ergebnisoffener Beratung zu ermöglichen. Der Verein versteht sich als Plattform des Austauschs für Ärztinnen und Ärzte, um Fragen zu Theorie und Praxis des Impfens zu vertiefen.

Ratsuchenden gegenüber wissen wir uns dem **Grundsatz einer partizipativen Entscheidungsfindung** (shared decision making) verpflichtet und werden jedwede Entscheidung der Beratenen – auch einen teilweisen oder gar vollständigen Verzicht auf Schutzimpfungen – respektieren und mit unserem ärztlichen Wirken begleiten.

Wir fordern diesen **Respekt vor der individuellen Impfentscheidung** der Betroffenen von allen Gruppen und Akteuren im Gesundheitswesen ein, ebenso im gesellschaftlichen Miteinander und in der politischen Auseinandersetzung. Wir fordern und fördern **offene zivilgesellschaftliche Diskurse zum Thema Impfen** auf der Basis unseres demokratischen und überparteilichen Selbstverständnisses. Jedem Versuch, unsere

Arbeit polarisierend zu vereinnahmen oder zu instrumentalisieren, werden wir uns widersetzen.

Der Vorstand
Berlin, im Oktober 2020

https://individuelle-impfentscheidung.de